«I GRILLI

SCOTT DOUGLAS

TUTTO SULLA CORSA

Prefazione di Amby Burfoot

Sperling & Kupfer

Realizzazione editoriale a cura di Giuseppe Doldo.

Traduzione di Paolo Lucca
The Little Red Book of Running

ISBN 978-88-200-6171-5

I Edizione marzo 2017

Anno 2017-2018-2019 - Edizione 1 2 3 4 5 6 7 8 6 10

Alle centinaia di runner che negli ultimi trent'anni
hanno condiviso con me la strada e i loro pensieri.
Grazie per la corsa!

Indice

Prefazione *di Amby Burfoot* XIX
Introduzione 1

PARTE PRIMA

Correre di più: 45 consigli per incrementare senza rischi i chilometri corsi quotidianamente e settimanalmente

1. Un primo, fondamentale concetto 9
2. Un secondo, fondamentale concetto 10
3. Il primo passo per correre di più 11
4. Il giusto sforzo per correre di più 12
5. Quando cercate di correre di più, lasciate che il ritmo venga da sé 13
6. Anzi, lasciate che il ritmo venga sempre da sé 13
7. Una lezione dai keniani 14
8. Per essere veloci bisogna essere in forma 15
9. Il modo più semplice per correre di più 15

10. Più uscite settimanali o più chilometri per uscita? 16
11. Qualche consiglio più specifico 16
12. Diario di corsa 17
13. Aggiornate regolarmente il vostro diario 18
14. Minuti o chilometri? 19
15. Stime 20
16. Non esagerate con la tecnologia 20
17. Siate onesti 21
18. Qualche volta lasciate a casa l'orologio 22
19. Aumentare i chilometri settimanali? 23
20. Ignorate la «regola» del 10% 23
21. Un metodo migliore per aumentare i chilometri settimanali 25
22. Mantenete il nuovo chilometraggio 25
23. Settimane più tranquille 26
24. Quando di più diventa troppo 27
25. Un problema alla volta 27
26. Il bello della corsa lunga 28
27. Che cosa significa «lunga»? 29
28. Quando è troppo lunga? 29
29. Prolungare ulteriormente le corse lunghe 30
30. Quando fare corse lunghe 30
31. Dove fare corse lunghe 31
32. Rendete speciali i giorni delle corse lunghe 32
33. Quale ritmo tenere nella corsa lunga? 33
34. Quando una corsa lunga non va per il meglio 34
35. È una corsa, non un banchetto 35
36. Come alimentarsi prima di una corsa lunga 36
37. Perché bisogna mangiare dopo una corsa lunga 37
38. Che cosa assumere dopo una corsa lunga 38

39. Altre cose da fare dopo una corsa lunga 39
40. Raddoppiate il piacere della resistenza 39
41. Quando un'uscita al giorno non è abbastanza 41
42. Come gestire un doppio carico di lavoro 41
43. Correre due volte al giorno riduce i tempi di recupero 43
44. Raddoppiare nei giorni di recupero? 43
45. Un'ultima considerazione sul correre di più 44

PARTE SECONDA

Correre più veloci: 63 consigli per diventare più veloci, anche se non farete mai una gara

46. Primo motivo per cui tutti i runner dovrebbero fare un po' di corsa veloce 51
47. Secondo motivo per cui tutti i runner dovrebbero fare un po' di corsa veloce 52
48. C'è sempre qualcuno più veloce di noi 53
49. Non esistono allenamenti straordinari, ma solo programmi di allenamento straordinari 53
50. Alcune tra le principali tecniche di allenamento di corsa veloce 54
51. Aumentare la propria velocità con gli allunghi 55
52. Un'alternativa agli allunghi: le diagonali 56
53. Un'altra variante degli allunghi: le accelerazioni durante la corsa 57
54. Come migliorare l'economia della corsa: le ripetute brevi 58
55. Migliorate l'afflusso di sangue: come aumentare il massimo consumo di ossigeno (VO2max) 59

56. Migliorate la resistenza nella corsa veloce: tempo run breve 59
57. Migliorate la resistenza alla fatica: tempo run lunga 61
58. Corsa in salita 61
59. L'assetto corretto nella corsa in salita 62
60. Sprint in salita 63
61. Salite brevi 64
62. Salite medie 65
63. Salite lunghe 65
64. Salite sul tapis roulant 66
65. Come andare veloci in discesa 66
66. Gli aspetti psicologici della corsa veloce 67
67. Relax, relax, relax 68
68. I benefici del gruppo 69
69. È un allenamento, non una gara 69
70. La corsa veloce nel programma di allenamento 70
71. Se vi sentite in forma, non esitate 71
72. Una variante: le ripetute progressive 72
73. Un'altra variante: sprint finali 73
74. Ancora un'altra variante: il fartlek 73
75. Allenamenti «a metà» 74
76. Ritmo abituale e ritmo desiderato 74
77. Considerate il passo in prospettiva 75
78. Dove correre veloci 75
79. Il terreno giusto per la corsa giusta 76
80. Quando un allenamento non va per il meglio 77
81. Un altro valido motivo per non allenarsi in pista 78
82. Come fare un buon riscaldamento 78
83. Come fare un buon defaticamento 79
84. L'alimentazione postallenamento 80

85. Diventare più veloci senza allenarsi nella corsa veloce 81
86. Qual è la frequenza del passo corretta? 81
87. Le scarpe giuste per correre veloci 82
88. Il rapporto tra corsa lenta e corsa veloce 83
89. Il modo migliore per usare il cardiofrequenzimetro 84
90. Calcolare la vostra frequenza cardiaca massima 84
91. Un concetto importante per la preparazione di una gara 85
92. Un mantra valido per tutte le gare, su qualsiasi distanza 86
93. Ignorate gli altri nel primo terzo di gara 86
94. Indicazioni di gara: la 5 Km 87
95. Indicazioni di gara: la 10 Km 88
96. Indicazioni di gara: 15 Km, 20 Km e mezza maratona 88
97. Indicazioni di gara: la maratona 89
98. Come fare un buon riscaldamento pregara 89
99. Non tutte le gare sono le Olimpiadi 90
100. Gare come allenamenti 91
101. Fissate gli obiettivi di una gara 91
102. Riducete progressivamente l'intensità degli allenamenti 92
103. La lunghezza della gara non determina il vostro valore come corridori 92
104. Quando la gara comincia di mattino presto 93
105. Modalità di mantenimento 93
106. Correre più veloci per sentirsi più in forma 94
107. La velocità è qualcosa che si perde, se non la si pratica 95
108. Ultima considerazione sul correre veloce 95

PARTE TERZA

Correre senza infortuni: 50 consigli per evitare, curare e superare gli infortuni

109. Che cos'è un infortunio legato alla corsa? 101
110. Un modello medico 102
111. Attenzione alla vita moderna! 102
112. Allenarsi nonostante gli infortuni 104
113. Quando correre e quando stare a riposo 105
114. Nel limbo degli infortuni 106
115. Il dottore è pronto a ricevervi 107
116. Non esagerate con le pillole 108
117. Freddo buono, caldo cattivo 109
118. Massaggi (praticati da altri o da voi stessi) 110
119. Pronto intervento domestico: la fascite plantare 111
120. Pronto intervento domestico: infiammazione del tendine di Achille 111
121. Pronto intervento domestico: dolori alla tibia 112
122. Pronto intervento domestico: ginocchio del podista 113
123. Pronto intervento domestico: sindrome della bandelletta ileotibiale 113
124. Pronto intervento domestico: dolori ai muscoli posteriori della coscia o ai glutei 114
125. Pronto intervento domestico: le fratture da stress 115
126. Allenamento incrociato: primo avvertimento 116
127. Fate qualcosa! Qualsiasi cosa! 116
128. Allenamento incrociato: secondo avvertimento 117
129. È sempre il momento ideale per introdurre una buona abitudine 117
130. Assetto e infortuni 118

131. Come dev’essere un assetto corretto? 119
132. Difetti posturali: spalle e collo contratti 120
133. Difetti posturali: testa in avanti 120
134. Difetti posturali: eccessiva inclinazione in avanti 121
135. Difetti posturali: eccessiva torsione laterale 122
136. Difetti posturali: correre con i piedi puntati verso l’esterno 122
137. Attività integrative essenziali 123
138. Perché fare stretching 123
139. Come fare stretching 124
140. Altri esercizi di flessibilità 125
141. E lo yoga? 126
142. Quando fare stretching: prima parte 126
143. Quando fare stretching: seconda parte 127
144. Quali muscoli allungare 128
145. Mobilità del piede e della caviglia 129
146. Mobilità della parte superiore del corpo 129
147. Runner più forti 130
148. Potenziamento delle gambe 131
149. Potenziamento della parte superiore del corpo 132
150. Potenziamento della zona toracolombare 132
151. Esercizi di potenziamento generale 133
152. Scarpe da corsa e infortuni 134
153. Un approccio minimalista: meno è meglio? 135
154. Minimalismo moderno 136
155. A piedi nudi nel parco 136
156. Cambiate scarpe! 138
157. Le solette ortopediche non fanno miracoli 138
158. Infortuni: un’ultima considerazione 139

PARTE QUARTA

Correre con regolarità: 43 consigli per correre più spesso per tutta la vita

159. Il nemico numero uno dei corridori: l'inerzia 145
160. Trovare il tempo 146
161. Non «se», ma «quando» 147
162. Correre non è ricamare 147
163. Quando avete tutta la giornata 148
164. Qualcosa è sempre meglio di niente 149
165. I ♥ running 149
166. Fissate un obiettivo 150
167. L'obiettivo non dev'essere per forza legato a una gara 151
168. La più grande invenzione nella corsa 152
169. Tutti meritano una corsa in compagnia 153
170. Un'altra tipologia di compagni di allenamento 153
171. Malati o stanchi (ma non di correre) 154
172. Alimentazione e regolarità 155
173. Nonostante il brutto tempo 156
174. Paura del tempo? 157
175. Correre quando fa molto caldo 157
176. State freschi 158
177. Bere o non bere 159
178. Tra una corsa e l'altra quando fa caldo 160
179. Correre d'inverno 161
180. Abbigliamento invernale 162
181. Correre sulla neve 163
182. Correre con il buio 164
183. Correre con la pioggia 165
184. Resistere al vento 165

185. Amore, odio e tapis roulant 166
186. Tapis roulant o «tapinoioso»? 167
187. Come scegliere la pendenza sul tapis roulant 168
188. Ignorate la console del tapis roulant 168
189. Dopo l'ultimo record personale 169
190. Riazzerate spesso il contatore mentale 170
191. Riazzerate anche il vostro calendario mentale 171
192. Vietato infortunarsi 172
193. Tenete il corpo in esercizio 173
194. Non perdete la vostra velocità 173
195. Con i giovani è meglio 174
196. Che cosa fare quando si è in viaggio 174
197. Come preparare i bagagli ed essere sempre pronti a correre 175
198. Perché non correre anche in vacanza? 176
199. Siate mattinieri 176
200. Correre in un posto che non conoscete 177
201. Un'ultima considerazione sul correre con regolarità 177

PARTE QUINTA

Miscellanea: 49 consigli su scarpe e sicurezza, attitudine e altitudine, e tutte le altre cose che contano

202. Non sempre le cose peggiorano 181
203. Non è una questione di numeri 181
204. Il mattino ha l'oro in bocca 182
205. Quando scappa... 183
206. Le virtù transitive della corsa: la capacità di adattamento 183

207. Un nuovo paio di scarpe non ha bisogno di essere «rodato» 184
208. Alternate più paia di scarpe 185
209. Come asciugare le scarpe 185
210. Recensioni di scarpe e buonsenso 186
211. Le analisi dell'assetto personale nei negozi specializzati 187
212. Le scarpe sono vostre, fateci quello che volete! 188
213. Le virtù transitive della corsa: cogliere l'attimo 189
214. Imparate dalla vostra esperienza 189
215. Corridori pendolari 190
216. Fare le commissioni di corsa 191
217. Occhio al ferro 191
218. Altre questioni mediche 192
219. Non correte prima di un esame medico 193
220. Informazioni nero su bianco mentre ingrigiamo 194
221. Cercasi compagno di allenamento 194
222. Le virtù transitive della corsa: la costanza 195
223. Allenatevi anche senza correre 195
224. Alimentazione e corsa 196
225. Com'è il vostro equilibrio? 197
226. Trail running 198
227. Trail running e tempi 199
228. Quando l'amore della vostra vita non ama la corsa 199
229. Continuità in prospettiva 200
230. Ambasciatori della corsa 201
231. Un consiglio sugli allenatori 201
232. Quando vi trovate in quota 202
233. Lasciate che i ragazzi si divertano 203
234. Non arrendetevi alla routine 204
235. Il mondo può aspettare 205

236. «Quel Cassio ha un aspetto smunto e magro» 205
237. Mai mettere il carro davanti ai buoi 206
238. Correre in pausa pranzo 206
239. Le virtù transitive della corsa: la resistenza 207
240. Siate flessibili, non solo fisicamente 207
241. Prudenza quando attraversate la strada 208
242. Lasciate pure sgolare gli automobilisti idioti 208
243. Per un bacino perfettamente in linea 209
244. A nessuno piace chi corre sempre un passo davanti agli altri 210
245. Non fate i martiri 210
246. Quattro parole chiave 211
247. Farsi largo tra miliardi di informazioni 212
248. A mio rischio di mettere in gioco la credibilità di questo libro 212
249. Una dritta importante riguardo al caffè del mattino 213
250. Il consiglio più importante 213

Ringraziamenti 215

Prefazione

*di Amby Burfoot**

QUANDO ero bambino, uno dei miei libri preferiti era *The Little Engine That Could* (La piccola locomotiva che ce la faceva). Ancora alle superiori, quando cominciai a correre, e poi negli anni successivi, soprattutto mentre affrontavo salite che sembravano non finire mai, pensavo spesso alle parole del protagonista: «Posso farcela, posso farcela». Può sembrare sciocco, ma queste parole riuscivano a motivarmi prima ancora che imparassi a esprimere lo stesso concetto in altri modi. Una frase breve e semplice che mi aiutò più di un trattato di psicologia sportiva.

Alle superiori ho avuto la fortuna di essere allenato da John J. Kelley, due volte olimpionico e vincitore, nel 1957, della maratona di Boston. Seduto al tavolo della sua cucina, lo ascoltavo parlare per ore. Citava spesso Henry David Thoreau, che era del New England come lui. Una delle sue frasi preferite era: «La nostra vita

* Collaboratore di *Runner's World*, vincitore della maratona di Boston nel 1968 e autore di *Il grande libro della corsa*, Sperling & Kupfer, Milano 2010.

si consuma nella cura di troppi particolari. Dobbiamo semplificare, semplificare». Un concetto che mi colpì profondamente, e che intesi così: per diventare un buon corridore non dovevo parlare né pensare troppo, dovevo soltanto lavorare sodo.

Correre non è difficile. E se facciamo in modo che continui a essere qualcosa di facile, avremo maggiori probabilità di raggiungere i nostri obiettivi divertendoci. Capita spesso che una piccola perla di saggezza, o un semplice consiglio su un aspetto specifico della corsa, si riveli molto più utile di un programma di allenamento semestrale su base quotidiana calato dal Monte Olimpo. O almeno questa è stata la mia esperienza da quando ho cominciato a correre, alle superiori, a quando ho vinto la maratona di Boston, nel 1968. E in tutti gli anni trascorsi da allora, durante i quali ho dovuto necessariamente modificare il mio modo di correre per adattarlo all'età.

Poche parole da una persona fidata che abbia vissuto le vostre stesse esperienze possono essere di grande aiuto. Ed è proprio ciò che troverete in questo libro.

Scott Douglas ha una conoscenza enciclopedica della corsa, nonché la lucidità necessaria per semplificare e trasmettervi solo le informazioni essenziali. Sono certo che molti suoi consigli vi aiuteranno a ottenere il meglio dalla corsa nei diversi momenti della vostra vita.

Introduzione

NEGLI ultimi anni il mondo della corsa ha conosciuto cambiamenti significativi, tra cui un incremento costante del numero di praticanti, soprattutto tra le giovani donne, un interesse crescente per discipline come il *mud running*, i percorsi a ostacoli e manifestazioni a tema tipo le *color runs*, nonché un aumento delle risorse online attraverso cui i runner possono condividere e confrontare programmi di allenamento e risultati ottenuti in gara.

Sono ormai trentacinque anni che mi occupo di corsa e in questo libro ho distillato tutti i segreti e le tecniche che nel tempo si sono dimostrati vincenti.

Nel 1979, quando ero al mio primo anno di superiori e ho cominciato a correre, il problema principale con cui mi sono scontrato è stato la mancanza di informazioni: quanto spesso dovevo correre? Per quanti chilometri? Con quale andatura? Che cosa dovevo mangiare? Che scarpe indossare? Quale abbigliamento scegliere? Dovevo fare stretching? Pesi? Dovevo riposarmi quando ero stanco oppure dovevo continuare a darci dentro?

Nella maggior parte dei casi, per trovare risposte a queste semplici domande dovevo sperimentare su me stesso. Alcuni di questi esperimenti, come variare ritmo e distanza nelle diverse sessioni di un programma di allenamento settimanale, hanno dato ottimi risultati, altri invece... Per esempio, non ho mai più fatto una sessione di corsa particolarmente intensa subito dopo cena.

Al contrario di allora, oggi molti runner devono affrontare il problema opposto, cioè l'eccesso di informazioni. Come in molti altri ambiti della nostra vita, anche nella corsa siamo sommersi da un'infinità di dati, consigli, precisazioni, pareri, raccomandazioni e suggerimenti. Prendete un singolo aspetto della corsa, per esempio il modo corretto in cui il piede dovrebbe toccare terra, e andando su Internet troverete migliaia di indicazioni al riguardo in pochi secondi. Di solito molti di questi consigli sono impartiti in modo incontrovertibile, e in buona parte contraddicono altre opinioni sui medesimi argomenti, quando non vengono presentati come «la verità assoluta» per correre correttamente.

In realtà la corsa è uno sport semplice. E questa semplicità è una delle ragioni del suo successo, specie in quest'epoca in cui ci sembra che la vita stia diventando sempre più complicata. Correre è così semplice che anche un programma di allenamento elementare come una filastrocca potrebbe andare bene: «Corri poco il lunedì, corri molto il martedì; se vai lento il giovedì, vai veloce il venerdì».

Come spiegherò in modo più approfondito nelle prossime pagine, la corsa è anche uno sport conservativo. Non esiste nessuna «verità» per correre che non sia già stata messa alla prova nell'inappellabile laboratorio della strada da migliaia di podisti, i quali continuano ad adottarla e a condividerla con altri solo se ritengono che sia utile per la loro corsa; se invece non si dimostra vantaggiosa nel lungo periodo, la abbandonano e consigliano di fare altrettanto. Ne consegue che spesso i runner più ambiziosi, quelli che dedicano molto tempo a condurre simili test, sono le fonti di informazioni più affidabili.

In quasi quattro decenni da corridore, prima come adolescente entusiasta e poi, nell'ultimo quarto di secolo, come giornalista esperto di corsa, è esattamente questo il metodo che ho adottato: ascoltare e vagliare i consigli degli altri. Ho avuto la fortuna di imparare da centinaia di atleti e allenatori di fama mondiale parlando con loro, osservandoli e correndo in loro compagnia. Oggi per me è un'abitudine analizzare ciò che apprendo da questi incontri come facevo alle superiori, chiedendomi non solo come utilizzare queste informazioni per migliorare la mia corsa e renderla un'attività più piacevole, ma anche, attraverso gli articoli e i libri che scrivo, come condividerle con i miei colleghi podisti di ogni livello, affinché anche loro possano ottenere di più dalla propria corsa.

Questo libro è il frutto di tale curiosità e attitudine ultratrentennale. Non è il manuale definitivo su questo sport, né un vademecum da seguire quotidianamente per migliorare le proprie prestazioni. Se ho imparato qualcosa in tutti questi anni è che quasi sempre per ottenere risultati nella corsa è sufficiente intervenire su uno o due aspetti della routine di allenamento o del proprio atteggiamento mentale. Nelle prossime pagine, pertanto, troverete molti consigli in questo senso. Consigli che, nella loro semplicità, potranno avere numerosi effetti benefici su di voi. Spero allora che le mie pillole di saggezza vi siano utili per rendere la vostra corsa un'attività più piacevole e soddisfacente, nonché una costante positiva nella vostra vita.

PARTE PRIMA

Correre di più: 45 consigli per incrementare senza rischi i chilometri corsi quotidianamente e settimanalmente

«Quanto corri?»

Ogni runner si è sentito rivolgere questa domanda, anche da chi runner non è. Per com'è formulata, rappresenta un'implicita ammissione del fatto che, quando pensiamo alla corsa, lo facciamo sostanzialmente in termini quantitativi, sia per ciò che riguarda la frequenza degli allenamenti, sia rispetto alla loro durata. Chi vi pone una simile domanda vuole sapere quanto correte normalmente ogni giorno, o quante volte e per quante ore vi allenate in una settimana, o quanti chilometri percorrete. E volendo potreste anche decidere di lasciare a bocca aperta il vostro interlocutore rispondendo qualcosa del tipo: «L'anno scorso ho fatto 4.370 chilometri; qualche centinaio di meno rispetto a due anni fa, perché a febbraio mi sono stirato il polpaccio e in autunno ho avuto qualche problema agli adduttori...»

La maggior parte dei podisti vuole sapere come riuscire a correre di più. In fondo, anche se il vostro principale obiettivo è vedere quanto siete veloci, prima di tutto dovrete essere in grado di coprire la distanza prevista. E dovrete riuscirci con sufficiente tranquillità, così da poter affrontare l'allenamento successivo e quello seguente ancora, fino a raggiungere una condizione fisica tale per cui la corsa diventi un'attività piacevole.

In qualunque modo si voglia intendere la domanda «Quanto corri?» a un certo punto ogni corridore raggiunge il suo limite personale in termini di lunghezza del percorso o di durata di un singolo allenamento, di uscite settimanali o di chilometri corsi ogni settimana, mese o anno. E se arrivato a questo punto decidesse di fermarsi, non ci sarebbe niente di male. Ma quasi tutti i runner vogliono di più: se fossero tipi che si accontentano facilmente, non avrebbero nemmeno cominciato a correre.

I consigli che troverete in questa parte vi aiuteranno a superare i vostri limiti, a migliorare la vostra condizione fisica e a incrementare i «volumi» di corsa su base quotidiana, settimanale o annuale.

1
Un primo, fondamentale concetto

Non esistono «chilometri sprecati», anche se qualcuno potrebbe avervi detto il contrario. I chilometri sprecati sarebbero quelli che decidete di fare tanto per fare, magari per aumentare il chilometraggio settimanale e fare bella figura, o perché avete notato che i bravi runner tendono a correre molto, quindi avete concluso che «di più è meglio». Qualcuno vi avrà detto che questi chilometri sono tempo perso, perché non aiutano a raggiungere gli obiettivi: non credeteci.

Lo ripeto: non esistono chilometri sprecati. Se non avete subito infortuni gravi tali da compromettere la vostra tecnica, o se non state così male da sentirvi ancora peggio dopo avere corso, allora non dovete temere di correre di più.

Chi vi consiglia di non fare chilometri inutili fa spesso appello alla legge dei rendimenti decrescenti: «Dopo tot chilometri alla settimana», vi dirà, «i vantaggi ottenuti con una singola uscita cominciano a diminuire». Ma sebbene questo sia indubbiamente vero, i rendimenti restano pur sempre rendimenti, anche se decrescenti. Se siete abbastanza motivati da correre un po' di più per migliorare, anche di poco, la vostra condizione fisica, allora non vi fermate.

Forse pensate che una singola uscita non cambi granché le cose, ma i vantaggi che può portare sono altri: circolazione migliore, mente più fresca, qualche ora in meno davanti al computer, più calorie bruciate, un'occasione per stare all'aperto, magari nella natura, un po' di tempo con gli amici o a tu per tu con voi stessi (cosa di cui tanto sentite il bisogno), mantenere il ritmo di allenamento e molto, molto altro ancora. Chi vuole mettervi in guardia contro i chilometri sprecati di solito ignora tutti questi aspetti, che con il rendimento vero e proprio hanno ben poco a che fare. La verità è che esistono un milione di buone ragioni per decidere di uscire a correre, e non c'entrano nulla con la prestazione che potrete avere o non avere la prossima settimana.

2

Un secondo, fondamentale concetto

Voglio essere chiaro fin da subito: non intendo dire che correre di più sia sempre meglio, né per il vostro rendimento né per la vostra vita non sportiva. Esiste ovviamente un limite, oltre il quale correre diventerebbe controproducente.

A ogni modo, la maggior parte di noi raramente rischia di arrivare a quel punto. Anche chi corre da tempo, infatti, ha ancora dei margini di miglioramento, perché nessuno di noi si è mai davvero spinto al limite delle proprie capacità. Ed è giusto così. Dobbiamo impiegare tempo ed energie anche in altre attività, e dover faticare il doppio per migliorare appena del 10% il proprio rendimento potrebbe essere assolutamente privo di senso.

D'altro canto, questo non significa che qualsiasi cosa vada ad aggiungersi ai volumi di corsa cui ormai siete abituati sia soltanto una perdita di tempo, o che provare a spostare un po' più in là i vostri limiti debba necessariamente procurarvi infortuni o stremarvi fisicamente. Come fate a saperlo, se non avete mai provato?

Lo ripeto: nessuno sta dicendo che dovete assolutamente provarci, ma se ne avete voglia non lasciatevi spaventare da chi vi parla dei rischi di un superallenamento o di un eccessivo affaticamento. Certo, quando proverete a superare i vostri limiti è probabile che vi sentiate più stanchi, ma passerà. Se cercherete di migliorare la vostra corsa con intelligenza, potrete evitare infortuni e aspirare a una condizione migliore di quanto abbiate mai sperato.

3

Il primo passo per correre di più

Andate più piano. Molti di quanti sono fermi a un certo livello e ritengono di non poter andare oltre stanno semplicemente correndo troppo veloci.

Provate questo esperimento: se voleste aggiungere 15 minuti alle vostre sessioni quotidiane di corsa, riuscireste a farlo tenendo il vostro solito passo per poi sprintare nell'ultimo quarto d'ora? Direi proprio di no. E se teneste la vostra consueta andatura e poi faceste gli ultimi 15 minuti camminando? Ovviamente sì. E se correste normalmente e poi continuaste con la stessa andatura? Probabilmente ce la fareste anche in questo caso, ma a fatica; e se lo faceste a ogni uscita, non sareste più in grado di tenere lo stesso ritmo, oppure smettereste definitivamente di provarci, perché gli allenamenti comincerebbero a diventare un po' troppo impegnativi.

In questo caso l'andatura corretta sarebbe più o meno a metà tra il vostro solito ritmo di corsa e il passo di una normale passeggiata.

Tenete presente questa regola generale, se decidete di correre di più: per aumentare i chilometri corsi a ogni singola uscita, nella prima parte mantenete un'andatura più tranquilla rispetto a quella cui siete abituati; se invece volete aumentare il numero di sessioni settimanali, ogni volta correte un po' più lentamente di quanto facevate quando vi allenavate meno giorni.

4

Il giusto sforzo per correre di più

Quando dico che dovete rallentare per riuscire a correre di più non voglio dire che dovreste aumentare i vostri tempi per chilometro, ma fare in modo che lo sforzo percepito sia leggermente inferiore a quello impiegato per mantenere il vostro solito ritmo. La sensazione dovrebbe essere quella di accumulare energie, non di consumarle lentamente. Non dovreste pensare: Se volessi potrei continuare con questa andatura, ma preferirei non farlo, e se aumentassi anche solo minimamente la frequenza finirei spompato. Piuttosto, pensate: Potrei continuare con questa andatura per un tempo pari a quello che ho già corso, e se dovessi correre altri 5 minuti ci riuscirei senza troppa fatica.

Quando cercate di aumentare il numero di chilometri che siete soliti correre, fate attenzione al fiato. Mentre correte il vostro respiro non dovrà essere pesante né faticoso. Puntate sulla resistenza. Il segnale che state superando i vostri limiti dovrà essere l'affaticamento muscolare; se invece avrete il fiatone per la maggior parte del tempo, non riuscirete mai a coprire i chilometri necessari a raggiungere la soglia di affaticamento muscolare.

Prima di tutto preoccupatevi di completare il percorso stabilito, poi pensate a correrlo a un'andatura più veloce.

5

Quando cercate di correre di più, lasciate che il ritmo venga da sé

Il modo migliore per arrivare al giusto sforzo è cominciare a correre a un ritmo più lento di quello che ritenete necessario. Anziché spingere subito per arrivare a tenere l'andatura a cui «dovreste» correre già dopo avere svoltato l'angolo di casa, iniziate con una corsa leggera. A poco a poco, mentre le pulsazioni accelerano e i muscoli si scaldano, inizierete automaticamente a correre più veloce, senza nemmeno pensare: Ok, ora mi sento pronto ad accelerare. Entro 10-15 minuti vi ritroverete a correre più veloci senza avvertire alcun aumento dello sforzo percepito.

6

Anzi, lasciate che il ritmo venga sempre da sé

Anche se non volete correre di più, cominciate sempre tenendo un'andatura sensibilmente più lenta di quella che avrete al termine dell'allenamento. Iniziare a un ritmo lento per poi aumentarlo con gradualità senza mai forzare è uno dei segreti per una corsa più piacevole e produttiva.

Naturalmente, però, non è così che si comporta la maggior parte di noi. Abbiamo sempre un'idea di quanto veloci dovremmo andare, e facciamo di tutto per raggiungere quel ritmo il prima possibile. In caso contrario, pensiamo, finiremmo soltanto per perdere tempo; sarebbe come barare, come se non ci impegnassimo abbastanza per allenarci sul serio.

7

Una lezione dai keniani

Qualche anno fa ho trascorso un mese in Kenya, in uno dei tanti centri podistici del Paese. Quando uscivo a correre con i runner locali, cominciavamo sempre a un'andatura incredibilmente lenta. Le prime volte non riuscivo a credere a quanto piano andassimo. E tra i miei compagni c'erano alcuni tra i migliori atleti del mondo! Due di loro erano scesi sotto ai 13' nella 5 Km, e molti dei ragazzi delle superiori con cui mi allenavo avevano già gareggiato per la loro nazione in competizioni internazionali.

Ma a un certo punto, inevitabilmente, il ritmo aumentava. Succedeva in modo naturale, non perché qualcuno, dopo avere corso un paio di chilometri, guardasse l'orologio e dicesse: «Stiamo andando troppo piano, meglio accelerare». Dopo circa un quarto d'ora mi accorgevo che stavamo andando più veloci, anche se lo sforzo percepito non era cambiato: considerato che correvamo a quasi 2.500 metri di altitudine, e che normalmente vivo nel Maine, cioè sul livello del mare, ero perfettamente consapevole degli effetti dell'altitudine sullo sforzo percepito. Nell'ultimo terzo dell'allenamento andavamo a pieno ritmo, e nei minuti finali tenevamo un'andatura quasi da gara.

Non sto dicendo di chiudere ogni allenamento con uno sprint, ma quelle sessioni in Kenya sono state come una rivelazione per me. Non c'era mai un momento in cui potessi dire: Ecco, adesso sto facendo più fatica. Giorno dopo giorno, alcuni tra i migliori atleti al mondo lasciavano che fossero i loro corpi a dire loro quando era il momento di rallentare e quando invece bisognava accelerare.

8

Per essere veloci bisogna essere in forma

Ecco un'altra cosa da ricordare, se pensate di correre troppo piano: a determinare il ritmo che vi fa sentire a vostro agio sono le vostre capacità aerobiche. Per essere più veloci dovete essere in forma. E per la maggior parte di voi che state leggendo questo libro, il modo migliore per potenziare il fisico non è tenere un'andatura più veloce, continuando ad allenarvi sulle stesse distanze, ma correre di più. Macinando più chilometri migliorerete la vostra condizione fisica, e di conseguenza aumenterà anche il vostro ritmo abituale, quello a cui vi sentite a vostro agio. Rallentando l'andatura e aumentando il chilometraggio riuscirete a correre di più, e a un ritmo più sostenuto, di quanto adesso vi sembri possibile.

9

Il modo più semplice per correre di più

Fissare a ogni uscita un punto da raggiungere e dal quale poi tornare indietro è un modo perfetto per aumentare il chilometraggio allenamento dopo allenamento. Se il vostro obiettivo è correre per un'ora, andate dritti per mezz'ora prima di fare retromarcia per tornare a casa: dopo mezz'ora dovreste sentirvi ancora freschi, e non avrete la tentazione di strafare o barare nella seconda metà, quando sarete più stanchi. Se invece correste lungo un percorso circolare, a un certo punto potreste decidere di tagliare; oppure, passando davanti a casa quando vi mancano solo 12 minuti, potreste decidere di proseguire pur sapendo che non ce la farete a completare il giro in tempo.

10

Più uscite settimanali o più chilometri per uscita?

Quando cercate di aumentare i chilometri percorsi, dovreste uscire più spesso oppure correre di più nelle sessioni già programmate?

La risposta migliore, in questo caso, è la stessa che vale anche per molti altri aspetti della corsa: fate ciò che più vi aiuta a conseguire il vostro obiettivo.

11

Qualche consiglio più specifico

Se correte soltanto due o tre giorni a settimana, lo fate per ragioni di tempo? Per esempio, se riuscite a correre solo tre giorni a settimana ma in quelle occasioni avete molto tempo a disposizione, allora allungate le vostre uscite. Se avete molti impegni, vi sarà più facile aggiungere un quarto d'ora ai vostri allenamenti abituali anziché trovare il tempo per un'uscita in più.

Se invece riuscite a ritagliarvi un po' di tempo anche in altri giorni, aggiungete una nuova sessione settimanale, senza variare i chilometri corsi a ogni uscita. Quando vi sarete abituati al maggiore carico di lavoro (probabilmente dopo qualche settimana), uscire a correre per quattro o cinque volte, o quante avrete deciso, vi sembrerà assolutamente normale.

Se già correte quasi ogni giorno, potreste invece aumentare i chilometri nelle sessioni di media intensità. Durante gli allenamenti più impegnativi potrete poi aggiungere 2-3 chilometri nella fase di riscaldamento o di defaticamento; inoltre, potreste prolungare ulteriormente quella che è già l'uscita più lunga. Incrementate il numero di chilometri in queste sessioni, prima di aggiungerne a quelle meno intense; non aumentate il carico di quelle che prevedono uno sforzo minore, affinché rimangano uscite di recupero.

12

Diario di corsa

Ogni runner minimamente interessato al proprio rendimento dovrebbe tenere un diario. A meno che non abbiate una memoria prodigiosa, prendere nota di quanto avete corso vi sarà utile. Con il tempo i dati registrati riveleranno schemi ricorrenti che potranno guidarvi nelle decisioni future, per esempio quanti giorni vi occorrono per recuperare dalle sessioni più intense o quale allenamento, una volta finito, vi procura un dolore in una particolare zona del corpo. Tenere un diario è fondamentale anche per ricordarvi come vi siete allenati per raggiungere una determinata performance, e quindi per avere sia dati oggettivi su ciò che dovrete fare per portarvi nuovamente a quel livello, sia idee per superarlo.

Scrivete nel vostro diario qualsiasi particolare ritenete possa esservi utile quando andrete a rileggerlo. Oltre ai chilometri e/o al tempo, potreste segnarvi il tipo di corsa, il clima, il momento del giorno, le altre cose che vi sono capitate in quella giornata eccetera. Per quanto mi riguarda, oltre ai dati fondamentali annoto sempre tutti quei particolari che possono rendere unica ogni uscita.

Ho fatto molte discese? Se così fosse, varrebbe la pena segnarmelo, in modo che se due giorni dopo dovessi sentire i quadricipiti particolarmente indolenziti non avrei difficoltà a individuarne la causa.

Mi sono allenato su pista? Annotare i tempi registrati mi aiuterà a fissare obiettivi per le prossime volte.

Il giorno in cui di solito corro di più è stato particolarmente caldo ma nonostante questo in quelli successivi ho continuato a uscire regolarmente? Se due settimane dopo dovessi sentirmi particolarmente spompato, questa potrebbe essere la ragione.

È stata una settimana infernale al lavoro? Ho dormito male? Sono uscito a correre con Jim e ho tenuto un'andatura più sostenuta del solito?

Tutto quello che potrebbe migliorare le uscite successive merita di essere annotato.

13

Aggiornate regolarmente il vostro diario

Affinché il diario possa diventare uno strumento utile, dovreste aggiornarlo almeno tre o quattro volte alla settimana. Se gli date un'occhiata solo un paio di volte al mese sarà difficile individuare schemi ricorrenti e imparare dai vostri errori.

È bene anche annotare dati che riguardano gli obiettivi a lungo termine, come i chilometri percorsi in una settimana o in un mese, quanti giorni siete usciti a correre, quante sessioni di stretching e così via. Segnarvi queste informazioni vi aiuterà a essere onesti con voi stessi, perché è facile pensare di avere corso più di quanto si è realmente fatto.

Raccogliere dati precisi sul proprio rendimento è utile anche per un altro motivo: nella corsa il successo non è qualcosa che si presenta all'improvviso in una giornata di grazia, ma si ottiene nel tempo, con progressi lenti e costanti.

14

Minuti o chilometri?

Che siate abituati a segnarvi i minuti che avete corso o i chilometri che avete fatto, l'importante è scegliere l'unità di misura che meglio si adatta alle vostre esigenze e utilizzarla con regolarità. Quasi tutti tengono il conto dei chilometri, anche quelli che calcolano le singole sessioni di corsa in base ai minuti. Per esempio: Oggi ho corso 42 minuti, quindi nel diario segno 8 chilometri.

Anche se per il nostro corpo non ha un significato particolare, il chilometro è la nostra unità di misura di riferimento, perciò andrà benissimo segnare sul diario la distanza percorsa. (Ho un amico americano che, dopo avere vissuto in Europa per un paio d'anni, ha cominciato a misurare le sue corse in chilometri anziché in miglia. Una volta, scherzando, mi ha fatto notare quanto fosse più gratificante dire: «Questa settimana ne ho fatti 145», anziché: «Questa settimana ne ho fatte 90».)

15

Stime

Per calcolare i chilometri percorsi nelle vostre uscite, probabilmente fate una stima che tiene conto del vostro ritmo abituale e del tempo che di solito impiegate per coprire un percorso che fate spesso. Va bene così: non importa se quello che secondo voi è un circuito da 15 chilometri in realtà è lungo 14,5, o se quando dite di avere corso per 8 chilometri ne avete fatti di più.

Esistono strumenti digitali per controllare quanto correte, ma non fidatevi troppo: ho visto la medesima applicazione segnare una distanza diversa per lo stesso percorso in base al giorno in cui lo misurava. Molte app, inoltre, non tengono conto di fattori come salite, discese e vento, quindi accontentatevi delle vostre stime, anche se imprecise. Quando siete in dubbio, meglio sbagliare per difetto. È molto più facile credere di avere corso di più e più velocemente che pensare di avere fatto di meno.

16

Non esagerate con la tecnologia

Tra gli atleti migliori del mondo, quelli che usano parecchio la tecnologia rappresentano l'eccezione. Molti, infatti, si limitano a decidere percorsi e distanze, e sono abbastanza sicuri della loro corsa da non avere bisogno di un feedback esterno costante, come quello offerto da un dispositivo GPS o da un altro strumento simile. Sanno che ciò che conta è raggiungere un certo livello di sforzo per un determinato periodo di tempo. La maggior parte delle volte fanno affidamento sui segnali che ricevono dal proprio corpo, non su un dispositivo potenzialmente impreciso che portano al polso. Detto questo, però, a volte può essere divertente conoscere esattamente i chilometri percorsi o l'andatura tenuta. I dispositivi GPS sono fantastici, per esempio, quando fate una corsa lunga e correte gli ultimi chilometri al vostro ritmo da maratona. Offrono un riscontro utile che combina i fattori tempo e distanza per verificare i progressi fatti in rapporto a un obiettivo specifico. Sono tuttavia troppi i corridori che fanno un affidamento eccessivo su questo tipo di strumenti durante le loro uscite, soprattutto quando non è così importante coprire una determinata distanza in un tempo ben preciso. Sentono di avere corso bene solo se il loro strumento sputa fuori i numeri giusti.

Vale la pena ripeterlo: un chilometro in sé non significa nulla per il corpo umano. Affidandovi esclusivamente alla tecnologia non fate che imporre parametri di successo artificiali alla vostra corsa. Occorre distinguere i dati davvero importanti da tutte le altre informazioni. Per capire quali livelli di sforzo mantenere, imparate a interpretare e a seguire i segnali del vostro corpo.

17

Siate onesti

Quale che sia l'unità di misura scelta per la vostra corsa, non barate. Gonfiare le prestazioni sul vostro diario servirà soltanto a illudervi. Potete anche raccontarvi di avere corso tot chilometri alla settimana, ma a che serve se per arrivare a quella cifra avete imbrogliato? Il vostro corpo vi farà capire che in realtà avete corso di meno, soprattutto quando verrà il momento di gareggiare. E poi, se non riuscite a essere onesti con voi stessi su quanto correte, in quali altri modi vi starete ingannando?

Un maratoneta olimpico che conosco era solito gonfiare i dati del proprio diario. Se usciva con qualcuno per correre 15 chilometri, diceva: «Ragazzi, rallentiamo un po', oggi voglio farne 17». Alla fine copriva la distanza stabilita in partenza, ma dilatando i tempi si sentiva autorizzato a conteggiare più chilometri. In un'intervista dichiarò addirittura che scrivere sul suo diario di avere corso 190 chilometri in una settimana invece dei 160 che probabilmente aveva fatto davvero aumentava la sua fiducia in se stesso. Nei quindici anni trascorsi da quella sua dichiarazione non ho mai trovato nessuno che la considerasse una buona idea.

18

Qualche volta lasciate a casa l'orologio

Almeno un paio di volte alla settimana, scegliete il percorso da fare e lasciate a casa l'orologio. Gli altri giorni, invece, correte tenendo d'occhio il cronometro. Una cosa assolutamente da non fare è cronometrarvi sullo stesso percorso giorno dopo giorno: spaccarvi la testa perché state andando più lenti di quanto «dovreste», o costringervi ad accelerare perché dopo 45 minuti avete accumulato 6 secondi di ritardo rispetto al giorno precedente, è pura follia.

19

Aumentare i chilometri settimanali?

A un certo punto «correre di più» diventa «aumentare i chilometri corsi ogni settimana», perché è così che la maggior parte dei podisti tiene conto dei propri progressi.

Ma calcolare i chilometri corsi in una settimana non è il modo migliore per capire quanto state correndo. Potreste infatti commettere l'errore molto comune di considerare ogni settimana come qualcosa a sé, e di decidere che ci sono cose che dovete necessariamente fare in sette giorni per poter raggiungere i vostri obiettivi nei sette successivi. Inoltre, potreste anche cominciare a organizzare il vostro allenamento in blocchi da una settimana, anziché collocarlo in uno schema più ampio in grado di descrivere con maggiore accuratezza il modo in cui il vostro corpo reagisce agli stimoli della corsa.

Segnarvi i chilometri corsi in un mese per non costringervi a fare determinate cose in una settimana potrebbe essere un metodo più prudente. Ma è anche vero che la nostra vita, al di là della corsa, è organizzata per cicli di sette giorni, quindi non è del tutto insensato usare la settimana come unità di riferimento immediatamente successiva al singolo giorno.

20

Ignorate la «regola» del 10%

Forse avete sentito dire che quando si aumentano i volumi di corsa non bisognerebbe incrementare i chilometri di oltre il

10% alla settimana. Io non solo vi autorizzo, ma addirittura vi incoraggio a ignorare questa «regola».

Tanto per cominciare, come ho già detto, il chilometro è un'unità di misura che in sé non significa nulla per il corpo umano. Stesso discorso per il ciclo di sette giorni a cui diamo il nome di settimana, e per il sistema numerico in base dieci su cui si fonda questa cosiddetta regola.

(Forse gli allenatori babilonesi consigliavano di aumentare i volumi di corsa in multipli di sessanta, visto che utilizzavano un sistema numerico sessagesimale?)

Combinare questi tre fattori non può fornire alcun principio valido.

Anche se le intenzioni di questo principio sono buone – aumentare gradualmente i volumi di corsa per consentire al nostro corpo di adattarsi – applicarlo alla lettera può avere conseguenze ridicole.

Ammettiamo che qualcuno corra 6 chilometri al giorno per tre giorni alla settimana e decida di voler fare più dei soliti 18 chilometri ogni sette giorni. È in buona salute, non ha infortuni e vuole correre di più per sentirsi più in forma e potenziare la propria condizione. Se applicasse la regola del 10% dovrebbe correre 19,8 chilometri la seconda settimana, 21,8 chilometri la terza e 24 chilometri l'ultima settimana del mese.

Per la maggior parte delle persone sarebbe come chiudere a chiave la porta di casa ogni volta che devono andare dal vicino a chiedergli un po' di zucchero: non c'è dubbio che li faccia sentire al sicuro, ma significherebbe lasciare che la paura che accada qualcosa di brutto prenda il sopravvento.

21

Un metodo migliore per aumentare i chilometri settimanali

Se di solito correte meno di quattro volte alla settimana, potrete semplicemente aggiungere un giorno in cui correre la medesima distanza che siete abituati a coprire nelle altre uscite. Tornando all'esempio precedente, al podista basterebbe aggiungere una quarta sessione settimanale e arriverebbe subito a 24 chilometri. Come ho già detto, tenete un ritmo rilassato in tutte le uscite, sia in quella aggiuntiva sia nelle altre.

Se invece correte quasi tutti i giorni e non volete aumentare le vostre uscite settimanali, prolungatene ciascuna di 3-5 chilometri o di 10-20 minuti.

22

Mantenete il nuovo chilometraggio

Ora, la cosa più importante: dopo avere aumentato i chilometri, non aggiungetene altri per due o tre settimane. Date al vostro corpo il tempo di adattarsi al nuovo carico di lavoro. Anche in questo caso la regola del 10% si dimostra inadeguata: sebbene comporti incrementi infinitesimali, si tratta pur sempre di incrementi, e il vostro corpo non farebbe in tempo ad abituarsi al nuovo carico di lavoro prima dell'aumento successivo.

Supponiamo che facciate 45 chilometri alla settimana: invece di passare gradualmente a 50, per arrivare poi a 55 e infine a 60, fatene direttamente 65, ma senza aggiungerne altri per due o tre settimane.

23

Settimane più tranquille

Il secondo segreto per aumentare in tutta sicurezza il chilometraggio settimanale è prendersi dei periodi di recupero prima di affrontare il prossimo obiettivo.

Per proseguire con l'esempio precedente, se siete passati direttamente da 45 a 65 chilometri settimanali, restate su questa distanza per due o tre settimane, poi rifatene una da 45 chilometri. Questa settimana più tranquilla permetterà al vostro corpo di consolidare quanto guadagnato con l'aumento del chilometraggio. Durante questi sette giorni evitate allenamenti intensi, anche se dovesse venirvi voglia di darci dentro: conservate le energie per le due-tre settimane con più chilometri.

Dopo la settimana meno impegnativa potrete scegliere se ricominciare con il nuovo chilometraggio per qualche settimana oppure aumentarlo ulteriormente, correndo per esempio 70 chilometri per un paio di settimane e fare poi sette giorni di recupero in cui correre dai 55 ai 65 chilometri. Continuate ad alternare periodi di lavoro più intenso a una settimana di recupero finché avrete raggiunto il numero di chilometri ideale per il vostro corpo, la vostra mente e la vostra vita non sportiva.

24

Quando di più diventa troppo

Quando aumentate il chilometraggio settimanale preparatevi a sentirvi stanchi. Probabilmente sentirete le gambe un po' più fiacche o pesanti. Quando uscirete a correre potreste impiegare più tempo a raggiungere un buon ritmo. Potreste anche sentirvi un po' scarichi per il resto della giornata. A un aumento dei chilometri percorsi potrebbe inoltre corrispondere un incremento, o al contrario un calo, dell'appetito. A ogni modo, sono sintomi normali che passeranno in fretta, a meno che non abbiate aumentato troppo rapidamente il chilometraggio.

Ecco invece alcuni segnali del fatto che forse state chiedendo troppo a voi stessi: comparsa di dolori legati alla corsa (diversi dall'indolenzimento o dalla tensione muscolare, che è normale), calo repentino delle prestazioni (anziché un leggero rallentamento, che potrete comunque attuare di proposito) o altri disturbi non facilmente spiegabili come raffreddore o malanni vari. Se mentre cercate di aumentare i chilometri settimanali dovesse manifestarsi uno qualsiasi di questi sintomi, tornate alla vostra solita corsa finché non vi sarà passato. Dopodiché provate con una nuova distanza, però inferiore a quella appena tentata.

25

Un problema alla volta

Se possibile, cercate di far coincidere i vostri tentativi di aumentare il numero di chilometri settimanali con quei momenti in cui la vostra vita scorre relativamente tranquilla. Avrete maggiori possibilità di adattarvi al maggiore carico quando non state attraversando periodi di particolare stress sul lavoro o in famiglia, o quando le condizioni atmosferiche non sono troppo sfavorevoli.

26

Il bello della corsa lunga

Programmare un'uscita alla settimana molto più lunga delle altre è un ottimo modo sia per aumentare il numero di chilometri sia per migliorare la propria condizione fisica. Ed è esattamente per quest'ultima ragione che dovreste fare regolarmente uscite lunghe, per aumentare la resistenza e di conseguenza affrontare al meglio tutte le altre sessioni di corsa. Cominciare la settimana con una corsa lunga, inoltre, è un buon modo per portarsi avanti e raggiungere più facilmente il chilometraggio desiderato per quei sette giorni.

Uscite lunghe con cadenza quasi settimanale sono ovviamente parte essenziale dei programmi di allenamento per la maratona. Quasi tutti i runner che vogliano correre gare dalla 5 Km in su ne conoscono i benefici. I vantaggi a livello muscolare – un netto miglioramento del sistema circolatorio, che permetterà di «pompare» più ossigeno nei muscoli coinvolti nella corsa ed espellere più prodotti di scarto – saranno evidenti indipendentemente dai chilometri corsi.

Coprire lunghe distanze presenta anche alcuni vantaggi a livello psicologico, poiché vi renderà più resistenti alla fatica, e le vostre normali uscite vi faranno meno paura. Se vi abituerete a una corsa di 2 ore almeno un giorno alla settimana, diventerà più facile affrontarne una di 45 minuti anche in una giornata piuttosto stressante.

27

Che cosa significa «lunga»?

Per chi corre quasi ogni giorno, un'uscita lunga dovrebbe coprire tra il 20 e il 30% del chilometraggio settimanale. Pertanto, se normalmente fate 65 chilometri alla settimana, una delle vostre corse dovrà essere lunga tra i 13 e i 20 chilometri.

Un'altra regola generale, particolarmente utile per quelli che si allenano pochi giorni alla settimana, è che questa uscita sia un terzo più lunga delle altre. Quindi, se siete soliti correre 8 chilometri al giorno, portateli a 11 in una delle vostre uscite. Se poi non volete aumentare il chilometraggio settimanale, potrete benissimo ridurre i chilometri di una corsa in un altro giorno della settimana. Variando la lunghezza delle singole uscite migliorerete ulteriormente la vostra condizione.

28

Quando è troppo lunga?

Se la vostra corsa lunga copre più del doppio dei chilometri che siete soliti percorrere nelle altre uscite, allora è troppo lunga. È uno dei problemi che si possono riscontrare in molti programmi di allenamento adottati da chi si prepara a una maratona per la prima volta, cioè un aumento troppo repentino della lunghezza di una singola corsa, che presto arriva a includere la maggior parte dei chilometri percorsi in una settimana. Questa uscita diventa talmente lunga rispetto a quelle a cui il runner è abituato che passerà il resto della settimana a recuperare, facendo soltanto, se ci riesce, un altro paio di corsette. In questo caso la soluzione è rendere più equilibrate le singole uscite. Aumentate i chilometri settimanali allungando una delle altre sessioni, e mantenete la corsa lunga a un numero di chilometri pari o inferiore al doppio di quelli che correte in qualsiasi altra uscita.

29

Prolungare ulteriormente le corse lunghe

Affinché le vostre corse lunghe siano ancora più lunghe, provate a prolungarle di 1-2 chilometri per due volte consecutive, tornando poi alla distanza precedente. Se la vostra uscita settimanale lunga prevede 20 chilometri, per aumentarne la lunghezza potreste farne 21 la volta successiva, 22 quella ancora seguente e poi tornare a 20. In questo modo riuscirete ad abituarvi più facilmente alla nuova distanza, piuttosto che costringendovi a uscite sempre più lunghe settimana dopo settimana.

30

Quando fare corse lunghe

Quando volete! Un'uscita lunga settimanale è fondamentale nella maggior parte dei programmi di allenamento, ma non esiste nessuna regola che vi impedisca di programmarla per il giovedì mattina o il venerdì sera. Per chi svolge un normale lavoro d'ufficio, la mattina presto di un qualsiasi giorno feriale è la soluzione più semplice. Ma come ho già detto, è importante non farsi condizionare da parametri e unità di misura artificiali, quindi sentitevi liberi di correre di più quando vi è comodo farlo. Infatti, niente vi obbliga a programmare la vostra uscita lunga esattamente ogni sette giorni. Potrebbe essere, per esempio, che per voi sia meglio un ciclo di cinque giorni: magari il weekend è l'unico momento in cui potreste trovare il tempo necessario, ma per voi una corsa lunga ogni fine settimana sarebbe troppo impegnativa, in termini sia di sforzo sia di conseguenze per la vostra vita privata. A ogni modo, non preoccupatevi: per incrementare significativamente la vostra resistenza vi basterà programmare due o tre uscite lunghe al mese.

31

Dove fare corse lunghe

Se ci riuscite, per le corse lunghe sarebbe meglio trovare percorsi più belli del solito. Per una breve corsa dopo una giornata di lavoro particolarmente stressante va bene quasi qualunque posto, ma cercate di rendere piacevoli le uscite lunghe. Dovendo fare più chilometri, potrete spingervi più lontano, quindi cercate posti in cui non avete spesso l'occasione di andare.

Non sentitevi in colpa se decidete di prendere la macchina per raggiungere un luogo in particolare. Una corsa in un ambiente piacevole, magari in mezzo alla natura, vi sembrerà durare meno. Inoltre, la superficie di un sentiero o di un percorso in terra battuta è più morbida dell'asfalto, cosa che ridurrà l'impatto con il suolo e vi affaticherà di meno.

Cercate di includere nel percorso anche qualche dislivello. Lo sforzo supplementare richiesto per affrontare le salite incrementerà la capacità aerobica che state cercando di sviluppare correndo di più. Inoltre, le leggere variazioni di assetto lungo salite e discese distribuiranno lo sforzo in modo più omogeneo sui muscoli delle gambe, e aumenteranno la vostra resistenza. Coprire lunghe distanze su un percorso sempre piano vi costringerebbe a correre sempre nello stesso modo, e probabilmente vi stanchereste prima.

32

Rendete speciali i giorni delle corse lunghe

Trovare un bel percorso rende le corse lunghe sicuramente più piacevoli. E se ci riuscite, aggiungete anche qualche altro elemento a quelle giornate.

Per esempio, se andate a correre in compagnia, concedetevi un buon pasto al termine dell'allenamento, regalatevi un massaggio o fatevi un bel bagno in una vasca idromassaggio. Programmate queste uscite in giornate non particolarmente impegnative, in modo da potervi rilassare quando avrete finito e godervi quella sensazione di dolce spossatezza.

Negli altri giorni dovrete forse faticare per trovare un momento per la corsa, ma una volta ogni tanto cercate di rendere la vostra uscita lunga il momento più importante della giornata. Vi aiuterà a ricordare perché amate correre.

33

Quale ritmo tenere nella corsa lunga?

Se esiste un tipo di corsa in cui tenere un'andatura tranquilla, è proprio quella lunga. Se vi capita di rallentare alla fine di una di queste uscite, o di doverla interrompere, quasi sempre è perché siete andati troppo veloci nella prima parte.

Dopo un quarto d'ora dalla partenza dovreste raggiungere un'andatura con cui resistere fino alla fine. Se quando vi mancano pochi chilometri vi viene voglia di accelerare, quello è il momento per farlo. In questo sport, poche esperienze sono spiacevoli come trovarsi improvvisamente spompati e trascinarsi per l'ultimo terzo di un allenamento lungo.

A meno che non vi stiate preparando per una gara sulla distanza (ne parleremo nella seconda parte), cercate di mantenere un'andatura abbastanza tranquilla, tale da riuscire a parlare senza fatica. L'obiettivo è correre i chilometri stabiliti. Non è necessario caricare al massimo per ottenere i cambiamenti fisiologici desiderati con questo tipo di allenamento. Per portare a termine l'uscita senza sentirvi spossati, cercate di restare entro la soglia minima di sforzo percepito.

Se programmate le uscite calcolando tempo e chilometri in base al vostro ritmo di gara, tenete presente le seguenti linee guida: restate 40 secondi al chilometro al di sotto del vostro ritmo da maratona, o 60-75 secondi al chilometro al di sotto del vostro ritmo da gara nella 5 Km.

34

Quando una corsa lunga non va per il meglio

A volte non siamo in giornata, quindi è bene sapere quando interrompere un'uscita lunga.

Se sentite un dolore che vi sembra aumentare correndo, fermatevi. Se avvertite i sintomi di un raffreddore o di un altro malanno e questi peggiorano minuto dopo minuto, fermatevi. Tutto questo, ovviamente, è più facile a dirsi che a farsi, se ci si trova a una decina di chilometri da casa. Ma ricordate: niente vi impedisce di fare una telefonata per farvi venire a prendere.

Altre volte, invece, toccherà a voi a decidere. Se «non va per il meglio» significa che non ve la sentite sebbene fisicamente non abbiate problemi, sarebbe meglio cercare di andare avanti. Uno dei benefici della corsa lunga è che migliora la resistenza mentale. Decidere di interrompere un'uscita per una difficoltà psicologica aumenta la probabilità di avere lo stesso problema la volta successiva.

Cercate di superare questi ostacoli mentali frazionando idealmente l'uscita in segmenti più brevi. Anziché pensare ossessivamente che vi manca ancora un'ora, concentratevi sui prossimi 10 minuti, poi sui 10 successivi e così via. Se siete con un amico, fatelo parlare. Chiedetegli qualcosa che sapete lo indurrà a chiacchierare: quando avrà finito, sarete più vicini a casa.

Se vi accorgete di fare sempre più fatica, è giusto che vi fermiate per recuperare un momento. Fate un po' di stretching per i muscoli che sentite più contratti, poi ricominciate a correre a un'andatura tranquilla.

Altre volte la soluzione è accelerare leggermente il passo, così da tenere un assetto di corsa migliore. Provate ad aumentare il ritmo per un minuto, dopodiché diminuitelo per 2 minuti e aumentatelo nuovamente per un altro minuto.

Se vi sentite stanchi già quando cominciate a correre e nella prima ora vi accorgete che le cose non cambiano, cercate di resistere; tuttavia sappiate che quel giorno avrete bisogno di un bel po' di recupero. Se nella giornata vi aspettano impegni particolarmente pressanti sul lavoro o nella vita privata, potrebbe essere il caso di risparmiare le forze e rimandare l'uscita lunga a un'altra occasione.

Se vi sentite fiacchi e vi accorgete di rallentare sensibilmente negli ultimi chilometri, portate a termine la corsa e in quella successiva cercate di partire con più energie e a un ritmo più moderato.

35

È una corsa, non un banchetto

La maggior parte delle persone non ha bisogno di assumere calorie durante una corsa lunga. Uno degli scopi di questo allenamento è ridurre lentamente le riserve di glicogeno, il carburante preferito dai muscoli nelle corse lunghe. Quando correte sulla lunga distanza e consumate glicogeno, il corpo si adatta e impara a conservare questa molecola in maniera più efficiente, così ne avrete maggiori scorte la prossima volta.

Inoltre, il corpo impara anche a bruciare meglio il glicogeno: a una determinata andatura, infatti, consumerete meno glicogeno e più grassi, e le vostre riserve dureranno di più. Non solo: migliorerete le vostre prestazioni sia nella corsa lunga sia in tutti gli altri tipi di corsa.

Ma tutto questo non potrà accadere, se ogni tot chilometri assumete calorie, come molti runner hanno cominciato a fare da qualche anno a questa parte. Ingerire gel o barrette energetiche durante una corsa lunga vi aiuterà sicuramente a non sentirvi fiacchi, ma le scorte di glicogeno non verranno intaccate e non riuscirete a diventare corridori più efficienti, che è l'obiettivo di questo tipo di allenamento.

Se vi accorgete che non riuscite ad arrivare alla fine senza ingerire bevande, gel o barrette energetiche, significa che state tentando di coprire una distanza eccessiva per la vostra condizione fisica. Un runner bene allenato dovrebbe essere in grado di correre per 30 chilometri circa senza avvertire alcun calo di prestazione e senza dover assumere troppe calorie.

36

Come alimentarsi prima di una corsa lunga

Il vero rifornimento per un allenamento lungo non è quello che si assume durante la corsa, ma il giorno prima. Fatevi un favore: cominciate a correre con il serbatoio pieno. Cenate con piatti ad alto contenuto di carboidrati, e siccome i carboidrati per essere assimilati richiedono molta acqua, assicuratevi di essere bene idratati prima di andare a dormire.

Se andate a correre di mattina presto, individuate un alimento che potete mangiare senza poi avvertire pesantezza di stomaco.

Per reintegrare le riserve di glicogeno che il fegato e il cervello consumano nel sonno, basta assumere qualche centinaio di calorie. Un piccolo snack come una fetta biscottata e una banana sarà sufficiente per aumentare il livello di zuccheri nel sangue e sentirvi più forti durante la corsa.

Anche se non ne avete voglia, al mattino bevete sempre un paio di bicchieri d'acqua. Il vostro corpo vi ringrazierà nell'ultima mezz'ora di allenamento.

37

Perché bisogna mangiare dopo una corsa lunga

Il momento giusto per assumere calorie con una certa frequenza non è durante la corsa lunga, ma subito dopo. Nella prima mezz'ora dopo l'allenamento i muscoli sono estremamente ricettivi e pronti ad accumulare riserve. Durante il periodo di recupero la risintesi del glicogeno avviene con una cadenza tre volte superiore al normale. Dopo la prima mezz'ora questa capacità comincia a calare, pur restando elevata per un'altra ora e mezza.

Questo è importante per due ragioni. Innanzitutto, cominciare ad alimentarsi mentre la capacità di risintesi è al massimo permette ai muscoli delle gambe di imparare a gestire meglio le proprie riserve, come ho già detto poco sopra. Dato che modificare in questo senso il comportamento dei muscoli è una delle ragioni per cui decidiamo di correre di più, perché non trarre il massimo vantaggio dai nostri sforzi?

In secondo luogo, prima comincerete a reintegrare le riserve, più rapidi saranno i tempi di recupero. E anche se subito dopo un'uscita potrebbe non sembrarvi così importante, fidatevi di me: se non integrerete le vostre scorte immediatamente dopo un allenamento lungo la domenica, il martedì successivo potreste ritrovarvi incapaci di fare un solo passo. Quando non ci si alimenta correttamente dopo una corsa lunga, è normale sentirsi fiacchi per il resto della giornata; e nei due giorni seguenti potreste essere ancora più stanchi, tanto che non avrete molta voglia di rimettervi a correre. Se non cominciate subito a reintegrare le riserve è anche probabile che il giorno dopo abbiate i muscoli indolenziti.

38

Che cosa assumere dopo una corsa lunga

La prima cosa da fare è reidratarsi con acqua o con bevande energetiche. Se dopo una corsa lunga tendete ad avere lo stomaco chiuso, scegliete una bevanda energetica, così assumerete almeno un po' di calorie nella prima, fondamentale mezz'ora successiva all'allenamento.

Cercate di ingerire qualche centinaio di calorie nei primi 30 minuti dopo la corsa. L'ideale sarebbe assumere carboidrati e proteine in rapporto quattro a uno, per favorire il processo di risintesi del glicogeno. Se il vostro stomaco è d'accordo, andrà benissimo un panino con hummus, con burro d'arachidi, con tonno o con formaggio.

Entro 2 ore dalla fine dell'allenamento cercate di consumare un pasto ricco di carboidrati. Mantenetevi idratati per tutto il giorno: se diverse ore dopo la corsa vi sentite ancora stanchi pur essendovi alimentati correttamente subito dopo l'allenamento, è probabile che siate ancora disidratati. Un altro sintomo di disidratazione potrebbe essere il mal di testa.

A cena cercate di assumere molte proteine, per favorire la ricostruzione del tessuto muscolare. Un bicchiere di vino rosso o una birra durante il pasto potrebbe anche aiutarvi a dormire meglio, accelerando pertanto il processo di recupero.

39

Altre cose da fare dopo una corsa lunga

Purtroppo, per recuperare al meglio dopo una corsa lunga non basta soltanto mangiare. Mentre vi reidratate e reintegrate le vostre riserve nella prima mezz'ora dopo l'allenamento, fate un po' di stretching per quelle zone che sentite più contratte (di solito i muscoli posteriori delle cosce, le anche e la zona lombare). Questo è importante soprattutto se dovete rimettervi in macchina. Se dovete stare seduti in auto per un po' mentre i vostri muscoli sono ancora contratti, quando arrivate a casa fate altro stretching leggero.

Più tardi nel corso della giornata ritagliatevi un altro momento per una sessione più lunga di stretching, in modo da facilitare e accelerare il recupero: 10-15 minuti di allungamenti qualche ora dopo la corsa saranno sufficienti per favorire la circolazione e vi faranno sentire meno stanchi il giorno successivo. Una passeggiata o una nuotata nel pomeriggio avranno la medesima funzione.

Mentre farete tutte queste attività potrà sembrarvi che non servano a molto, in realtà vi aiuteranno a sentirvi meglio nelle giornate seguenti. In questo modo riuscirete a mantenere un buon ritmo di allenamento, migliorando costantemente la vostra condizione.

40

Raddoppiate il piacere della resistenza

Vi svelo un trucchetto cui ricorrono gli ultramaratoneti: fare corse lunghe in giorni consecutivi per aumentare la resistenza.

L'idea non è così folle come potrebbe sembrare (e non lo è nemmeno programmare due allenamenti nello stesso giorno, come vedremo tra poco). Facendo due uscite lunghe in due giorni consecutivi, seguite da due-tre giorni di recupero, porterete la vostra resistenza sopra la media. Questo avviene grazie al processo di supercompensazione, secondo cui il corpo reagisce a un particolare carico di lavoro preparandosi ad affrontarlo di nuovo.

Una decina di anni fa mi allenai per percorrere in una settimana i quasi 300 chilometri del Chesapeake and Ohio Canal. Per prepararmi a correre ogni giorno, per sette giorni consecutivi, una distanza pari a quella di una maratona, effettuavo regolarmente due uscite lunghe da 35-40 chilometri in due giorni consecutivi. Dopo le prime due o tre volte il mio corpo si era già abituato, tanto che il secondo allenamento lungo non risultava tanto più impegnativo del primo. Sapere che l'indomani mi aspettava un'altra corsa lunga mi aiutava a non caricare troppo nel primo giorno, e mi incoraggiava a prendere tutti quei piccoli accorgimenti che mi avrebbero permesso di velocizzare il recupero una volta terminato l'allenamento. Dopo alcuni fine settimana in cui facevo due corse lunghe in successione mi sentivo molto più forte in termini di capacità aerobica.

Correre due volte in due giorni consecutivi può rivelarsi molto utile nelle fasi iniziali o centrali di un programma di allenamento tradizionale. Per esempio, se vi state preparando per una maratona e avete già nelle gambe qualche uscita lunga, potreste farne due in successione in due fine settimana dello stesso mese. Mantenete un'andatura tranquilla e rilassata in entrambe le uscite, e pensate soltanto a coprire la distanza prefissata. Poi, con l'approssimarsi della gara, per prepararvi in modo adeguato tornate a fare una corsa alla settimana ma a un ritmo più elevato.

41

Quando un'uscita al giorno non è abbastanza

Quasi tutti i migliori atleti corrono due volte al giorno per la maggior parte dei giorni. Come ho detto, nemmeno questa è un'idea folle come potrebbe sembrare.

Correre due volte al giorno, o «raddoppiare», come mi piace dire, è un modo semplice per incrementare il numero di chilometri alla settimana. Aggiungere tre brevi uscite nei sette giorni basterà ad aumentare il chilometraggio settimanale del 10%.

Può sembrare paradossale, ma se volete macinare più chilometri, raddoppiare può essere meno impegnativo che prolungare le normali uscite: continuando ad allungarle, infatti, prima o poi comincerete ad arrivare alla fine sentendovi troppo affaticati. Questo è da evitare, soprattutto se il vostro assetto dovesse peggiorare: a questo punto comincerebbero a farsi sentire anche i danni provocati da un impatto con il suolo non proprio ottimale.

Distribuendo il carico di lavoro quotidiano su due allenamenti eviterete questo tipo di stress, e avrete maggiori probabilità di coprire la distanza prevista per quella giornata mantenendo un assetto ottimale. Se già correte almeno un'ora quasi ogni giorno, spezzare in due l'allenamento in alcune giornate vi farà sentire più riposati.

42

Come gestire un doppio carico di lavoro

Il primo fattore da prendere in considerazione quando si decide di raddoppiare è il tempo. Due uscite da 9 e da 6 chilometri prenderanno più tempo di una da 15, considerate le necessarie attività pre e postcorsa, quindi se già faticate a trovare il tempo per un'uscita al giorno lasciate pure perdere il raddoppio. Se invece aveste due o tre giorni alla settimana in cui provarci, cercate di capire se questo sistema può funzionare per voi.

Cominciate con l'aggiungere una breve corsa a ritmo molto lento in quei giorni in cui il carico è particolarmente intenso. Per esempio, se il giovedì sera siete soliti allenarvi in gruppo su pista, quella mattina potreste uscire a correre per 4-5 chilometri. Quando avrete capito come comportarvi, cioè dopo un paio di settimane circa, vi sentirete meglio e riuscirete a dare di più nella corsa più impegnativa della sera. Se invece il vostro allenamento più intenso è previsto per il mattino, una corsa breve e tranquilla quella stessa sera servirà ad accelerare il recupero; favorire l'afflusso di sangue ai muscoli una seconda volta nella stessa giornata apporterà loro più nutrienti e contribuirà a rilassarli, come una specie di massaggio in movimento.

Dopodiché potreste aggiungere una seconda uscita in uno di quei giorni in cui correte normalmente. Anziché fare i 13 chilometri che avete previsto in una sola uscita, corretene magari 5 una volta e 10 l'altra. È sempre meglio che una delle due corse sia più lunga dell'altra, così da incrementare i chilometri senza eccessivo sforzo, tuttavia migliorando la vostra condizione.

Se ne avete voglia e vi è possibile, aggiungete una seconda uscita anche in altri giorni della settimana. Anziché raddoppiare in quei giorni in cui avete programmato l'allenamento lungo, sfruttate tutte le altre giornate. Dopo una corsa lunga la vostra priorità dovrà essere recuperare, in modo da ricominciare ad allenarvi a pieno carico il prima possibile. Se avete fatto un'uscita lunga allo scopo di affaticare i muscoli, correre di nuovo in quello stesso giorno non farà che prolungare gli effetti dell'affaticamento.

43

Correre due volte al giorno riduce i tempi di recupero

Le prime volte in cui raddoppierete aspettatevi di sentirvi un po' più stanchi, soprattutto nei giorni stessi in cui uscirete due volte. Tuttavia, procedendo gradualmente e con giudizio, presto vi accorgerete di recuperare più in fretta dopo ogni corsa, anche in quelle giornate in cui vi allenerete una volta sola. Ciò accade perché il vostro corpo si aspetterà di dover correre di nuovo dopo 6-8 ore anziché 24, quindi la vostra capacità di recupero migliorerà. Inoltre, questo dovrebbe permettervi di aumentare il carico anche in quei giorni in cui non raddoppierete: con una migliore capacità di recupero, infatti, potrete spingere di più senza sentirvi a terra il giorno dopo.

44

Raddoppiare nei giorni di recupero?

Fino a una ventina d'anni fa, il giorno successivo a una corsa lunga era quello in cui avevo meno voglia di allenarmi due volte. Dormivo fino a tardi e poi, dopo il lavoro, correvo per 12-15 chilometri. Ora che ho superato i cinquanta, la giornata seguente a un allenamento lungo è quella in cui preferisco raddoppiare. Ormai sono abituato, e due allenamenti di 30-40 minuti ciascuno mi risultano meno faticosi che 60-80 minuti di corsa in un'unica uscita.

Allo stesso modo, come molti altri runner esperti che hanno più o meno la mia età, anche per me due corse nel giorno successivo a un allenamento lungo, rispettivamente da 6 e da 12 chilometri, risultano meno impegnative di una da 16. Considerata la mia età, un'uscita da 16 chilometri comporterebbe un maggiore dispendio energetico, e per completarla mi ci vorrebbero una decina di minuti in più rispetto a quando ero più giovane. Verso la fine dell'allenamento comincerei a sentirmi un po' troppo affaticato, e il mio assetto ne risentirebbe. Di conseguenza, se quel giorno uscissi soltanto una volta finirei con il sentirmi ancora più stanco, e quella corsa non mi aiuterebbe a recuperare da quella più impegnativa del giorno precedente.

Naturalmente, non dovete aspettare di arrivare alla mia età per raddoppiare e godere dei benefici di questa pratica. Quando vi sarete abituati a correre due volte al giorno, programmare due uscite nella giornata dedicata al recupero sarà un ottimo modo per sfruttarla al meglio.

45

Un'ultima considerazione sul correre di più

Molti anni fa un mio compagno di allenamento perse la motivazione e cominciò a correre la metà dei 110-130 chilometri che era solito fare in una settimana. Poi, dopo un paio d'anni, ritrovò l'entusiasmo e decise di tornare al vecchio chilometraggio, finché ci riuscì. Un giorno, mentre ci allenavamo insieme, mi rivelò quella che in realtà è un'ovvietà: «Sotto certi aspetti», mi disse, «correre di più è più facile che correre di meno».

Il mio amico intendeva che quando si è in una buona condizione i singoli allenamenti diventano meno impegnativi. Quando siamo in forma, infatti, correre diventa un'attività naturale, qualcosa che facciamo senza nemmeno pensarci. E correre di più migliora la nostra forma: quella che poteva sembrarci un'impresa particolarmente difficile (magari correre 15 chilometri), diventa quasi routine.

Quando invece cominciamo a correre di meno, anche se solo per pochi giorni, iniziamo a sentirci fiacchi e a perdere il ritmo, e il nostro corpo non vede l'ora di tornare a coprire i chilometri cui era abituato.

Se non vi è mai capitato di sentire quanto sia più facile correre di più anziché di meno, vi assicuro che vale la pena sforzarsi per arrivare a provare questa sensazione.

PARTE SECONDA

Correre più veloci: 63 consigli per diventare più veloci, anche se non farete mai una gara

A PARITÀ di condizione, quasi tutti i corridori vorrebbero essere più veloci. Voi no? Anche se non prevedete di partecipare a una gara, né a breve né più avanti, l'idea di essere più veloci è forse più affascinante dell'idea di essere più lenti. Se invece vi state preparando a una gara, correre più veloci è indispensabile: dovete sapere come modificare il vostro programma di allenamento quotidiano per riuscire a coprire una determinata distanza in meno tempo, nonché capire che cosa fare il giorno della gara per correre al massimo delle vostre capacità.

I consigli contenuti in questa seconda parte verteranno su questo. Vedremo le principali tecniche di allenamento per diventare più veloci e capiremo come organizzarle in un programma; impareremo a correre sfruttando al massimo la nostra condizione e altri accorgimenti per aumentare la velocità.

Ci occuperemo anche di alcuni aspetti psicologici, dai quali potrebbe dipendere la vostra capacità di diventare più veloci. Prima di cominciare, però, vediamo perché tutti i podisti dovrebbero allenarsi regolarmente nella corsa veloce.

46

Primo motivo per cui tutti i runner dovrebbero fare un po' di corsa veloce

Variare il ritmo dovrebbe essere la norma per chiunque corra, non solo per chi è interessato a farlo il più velocemente possibile. Così come un bravo chef sa padroneggiare tecniche e preparare piatti diversi, un corridore a proprio agio con diverse andature acquista una serie di competenze che gli consentono di correre sempre meglio.

Grazie a quello che chiamo allenamento ad andatura variabile diventerete runner completi. Adottando questo tipo di allenamento rafforzerete il tono muscolare, vi muoverete di più e potenzierete tutti quei processi interni fondamentali per la corsa, preparandovi in modo ottimale per qualsiasi tipo di sfida o impresa podistica abbiate in programma.

Non sto dicendo che chi non segue questo tipo di allenamento non sia un «vero corridore», ammesso che questa espressione significhi qualcosa. Potrete ottenere grandi soddisfazioni da questo sport anche correndo sempre alla stessa andatura tutti i giorni e per lo stesso numero di chilometri. Ma se sarete disposti a eseguire regolarmente esercizi diversi raggiungerete una condizione fisica superiore, grazie alla quale correre diventerà un'esperienza più piacevole e divertente, anche se non dovete prepararvi per una gara.

47

Secondo motivo per cui tutti i runner dovrebbero fare un po' di corsa veloce

Affinché la vostra attività podistica sia sempre stimolante, vi consiglio di alternare incrementi e diminuzioni d'intensità e durata degli allenamenti lungo tutta la settimana. Adottando con regolarità alcune tecniche, dalla corsa lunga a quella veloce, passando per la corsa lenta di recupero e la tempo run (o fondo medio-veloce), farete in modo che le vostre uscite non vi sembrino tutte uguali. Una giornata ha un senso non soltanto di per sé, ma anche in rapporto a quella che l'ha preceduta o che la seguirà. Se la domenica avete fatto una corsa lunga, il lunedì potrete programmare un'uscita più breve a un passo tranquillo, cosa che vi preparerà a un altro allenamento intenso il martedì, a sua volta seguito da una corsa di recupero il mercoledì. Il giovedì potrebbe essere il momento di una corsa media-lenta, seguita da qualche breve allungo a velocità sostenuta, per prepararsi alla tempo run del venerdì. A questo punto potreste chiudere la settimana con un'uscita rilassata il sabato, per essere sicuri di riuscire a correre nuovamente la lunga distanza la domenica successiva.

Per riprendere la metafora culinaria, la maggior parte delle persone cui piace cucinare trova questa attività tanto più interessante quanto più riesce a variarla, alternando ricette complicate che prevedono ore di preparazione ad altre più semplici come un piatto di verdure saltate. Nella corsa, come in molti altri aspetti della vita, fare in modo che i giorni non siano tutti uguali aiuta a non perdere la motivazione.

48

C'è sempre qualcuno più veloce di noi

Non serve a nulla commiserarsi perché non riuscite ad andare più veloci. Scartate subito pensieri del tipo: Sono troppo lento, non mi conviene nemmeno provarci...

Anche nelle 10 Km internazionali capita di vedere qualche doppiato.

Sarete sempre più lenti di qualcuno, ma questo non significa che non dobbiate impegnarvi per essere più veloci e dare importanza a questo aspetto. Qualunque corridore si sia posto degli obiettivi e abbia lavorato sodo per raggiungerli rispetterà chi sta cercando di fare lo stesso. Ciò che conta è l'impegno, non il tempo che ci mettete.

49

Non esistono allenamenti straordinari, ma solo programmi di allenamento straordinari

Prima di passare ai vari esercizi per diventare più veloci, vorrei esporvi un altro concetto fondamentale. Come direbbe Pete Magill, l'atleta più anziano a scendere sotto i 15 minuti nella 5 Km, non esistono allenamenti straordinari, ma solo programmi di allenamento straordinari. Secondo Magill, un programma di allenamento è come un mosaico le cui tessere sono gli sforzi compiuti giorno dopo giorno, settimana dopo settimana e mese dopo mese. Per migliorare la nostra condizione e raggiungere il nostro obiettivo dobbiamo lavorare costantemente. Alcuni giorni dovremo fare un allenamento ad alta intensità, altri invece potremo limitarci a una corsa lenta per recuperare dopo una sessione più impegnativa e prepararci alla prossima uscita.

È una mentalità diversa da: Oggi devo assolutamente andare ad allenarmi in pista e correre il più velocemente possibile, se voglio essere pronto per la gara della prossima settimana.

Gli allenamenti più intensi, quelli in cui correre a un ritmo di gara o ancora più veloce, sono necessari per migliorarci, ma rappresentano soltanto una delle tessere del mosaico. Concedere loro troppo spazio, sia fisicamente sia psicologicamente, vi impedirà di esprimervi al meglio delle vostre possibilità.

50

Alcune tra le principali tecniche di allenamento di corsa veloce

Non stupitevi se nei prossimi paragrafi vi sembrerà tutto un po' troppo semplificato. Ora vi illustrerò alcuni tra i principali tipi di allenamento di corsa veloce. Li ho scelti perché ciascuno vi aiuterà a essere più veloci e a migliorarvi sotto diversi aspetti. I più pignoli diranno che la corsa è qualcosa di organico, e che ogni tipo di corsa veloce contribuisce a migliorare diversi aspetti della nostra condizione. E hanno ragione: sarebbe sbagliato pensare che correre per 5 chilometri a un'andatura che riuscireste a tenere per un'ora abbia un solo e unico vantaggio facilmente individuabile.

Esistono tuttavia alcune fondamentali tecniche di allenamento che i migliori corridori del mondo non si stancano mai di adottare. Ciascuna rappresenta un metodo estremamente efficace per migliorare un singolo aspetto della corsa. Quando le avrete assimilate tutte, saprete come sceglierle e sfruttarle per diventare runner completi.

51

Aumentare la propria velocità con gli allunghi

Tutti i corridori dovrebbero fare gli allunghi. Con questo termine intendo accelerazioni di circa 100 metri su terreno pianeggiante, da fare dopo un allenamento di corsa lenta e a un'andatura che possa essere mantenuta per 800 metri circa. Una normale sessione di allunghi ne prevede dagli otto ai dodici, ciascuno intervallato da periodi di recupero a scelta, in modo da poter correre quelli restanti in modo rilassato, senza perdere l'assetto ideale.

Essere rilassati è fondamentale. Gli allunghi servono per imparare a correre veloci ma senza forzare o perdere in agilità. Poiché sono brevi, durante gli allunghi non dovreste sentire i muscoli contratti, e immediatamente dopo dovreste riuscire a respirare normalmente.

Gli allunghi rafforzano le gambe e migliorano la mobilità articolare molto più di una normale corsa lenta o moderata. Sono ideali anche per non appesantire il ritmo e mantenersi agili. Inoltre, contribuiscono a migliorare l'assetto della corsa, cosa che tornerà utile per ogni altro tipo di allenamento.

Mentre fate gli allunghi dovreste provare sensazioni positive, come un ragazzino che corra al parco. Chris Solinsky, fino al 2014 campione americano nella 10 Km, ha dichiarato che spesso fa degli allunghi fuori programma perché li trova divertenti. Quando vi abituerete, correre più veloce diventerà piacevole anche per voi. Basterà una sessione di allunghi una o due volte alla settimana.

52

Un'alternativa agli allunghi: le diagonali

Le diagonali sono una specialità keniana che inserisce gli allunghi in una forma di allenamento più strutturata. Si tratta di progressioni ad alta velocità lungo la diagonale del campo che si trova all'interno di ogni pista di atletica, dopodiché si recupera correndo a passo lento lungo uno dei due lati minori del rettangolo. Una volta raggiunto l'altro angolo, si riparte nuovamente con una progressione lungo la seconda diagonale, e infine si corre a un'andatura più tranquilla sull'altro lato minore, tornando così al punto di partenza. Immaginate una X con due linee orizzontali che uniscono le estremità superiori e inferiori: le progressioni si effettuano lungo le linee incrociate della X, e i recuperi lungo le linee orizzontali.

Come accade con gli allunghi, le progressioni in diagonale non superano i 100 metri. Su un campo rettangolare, il tempo impiegato a coprire le diagonali ad andatura sostenuta dovrebbe corrispondere, grosso modo, a quello necessario per correre a ritmo più lento i lati minori del campo.

Anziché contare le diagonali datevi un tempo: in una sessione di una decina di minuti, comprese le parti di corsa lenta, probabilmente farete tanti tratti di corsa veloce quanti ne fareste in una normale sessione di allunghi. Se invece decidete di proseguire per

20-30 minuti, allora le diagonali diventeranno la parte principale del vostro allenamento per quella giornata, non un semplice esercizio da aggiungere a una normale corsa. Una volta mi è capitato di fare 40 minuti di diagonali, e posso assicurarvi che equivalgono a un allenamento decisamente intenso.

A ogni modo, a prescindere dal tempo che vorrete dedicare a questo esercizio, l'importante è correre rilassati. State lavorando soprattutto per migliorare velocità, mobilità articolare e capacità di recupero; se vi stancherete tanto da non riuscire a mantenere un assetto ottimale nei tratti veloci, non conseguirete nessuno di questi risultati.

53

Un'altra variante degli allunghi: le accelerazioni durante la corsa

Invece di fare gli allunghi dopo una corsa lenta, potreste inserirli nell'ultimo tratto della corsa stessa.

Supponiamo che siate usciti per correre una decina di chilometri. Quando vi mancano circa 3 chilometri potreste cominciare ad alternare allunghi di 30 secondi a tratti di 90 secondi a ritmo lento per recuperare. Ripetete l'esercizio per otto-dieci volte e vi ritroverete a casa.

Ma l'esercizio non dev'essere per forza strutturato in questo modo. Potete fare gli allunghi quando più ne avete voglia, poi correre normalmente per recuperare finché vi sentite pronti a farne un altro, sempre senza forzare e mantenendo un assetto di corsa ottimale. Quest'ultimo metodo è da preferire quando vi trovate su un terreno sconnesso e volete correre gli allunghi sui tratti in piano.

54
Come migliorare l'economia della corsa: le ripetute brevi

Oltre agli allunghi durante e dopo la corsa normale, un altro tipo di corsa veloce è quello che prevede accelerazioni ripetute da 60 a 90 secondi ciascuna a un'andatura che sentite di poter tenere per 1.500 metri.

L'obiettivo è migliorare l'economia della corsa, ovvero l'efficienza (in termini di consumo di ossigeno) a una determinata velocità. Allenarvi a mantenere una certa soglia di sforzo vi consentirà di essere più efficienti a tutte le velocità.

Normalmente la ripetuta corrisponde a un giro di una pista di atletica da 400 metri. Questa distanza non ha niente di speciale, ci permette semplicemente di usare il giro di pista come unità di misura. L'importante sarà la durata delle ripetute (da 60 a 90 secondi ciascuna, come ho detto) e l'andatura (che dovrà essere più o meno pari al ritmo di gara che terreste nei 1.500 metri). In un tipico allenamento per l'economia della corsa dovreste totalizzare dai 3 ai 5 chilometri di ripetute, cioè una decina di giri su una pista da 400 metri o una dozzina su una da 300 metri.

Le ripetute sono fisicamente impegnative. Per farle con la corretta intensità dovrete inserire tra l'una e l'altra dei tratti di corsa di recupero che, per comodità, potranno essere lunghi quanto ciascuna ripetuta. Se invece vi allenate basandovi sui tempi più che sulla distanza, il recupero dovrà durare dal 50 al 100% del tempo delle singole ripetute: per esempio, se correte ripetute da 80 secondi, fate come minimo 40 secondi di recupero.

55

Migliorate l'afflusso di sangue: come aumentare il massimo consumo di ossigeno (VO2max)

Un altro importante allenamento di corsa veloce è quello per aumentare il VO2max. Vi risparmio la lezione di fisiologia e vi dico semplicemente che si tratta di un allenamento che mira a migliorare la capacità del cuore di pompare sangue e inviarlo ai muscoli coinvolti nella corsa.

Un comune allenamento di questo tipo prevede di correre tratti di 3-6 minuti a un'andatura che potreste mantenere per 3-5 chilometri. Praticamente, una sorta di ripetute a ritmo di gara da 5 Km. Coprire 5-6 chilometri – per esempio, sei ripetute da 800 metri o cinque da 1.200 – sarebbe un buon obiettivo. Anche in questo caso il recupero dovrebbe durare dal 50 al 100% del tempo delle singole ripetute. Su pista, di solito il recupero corrisponde a un giro, ma per ripetute più lunghe (per esempio da 1.500 metri), sarebbe meglio un giro e mezzo. Normalmente gli esercizi per incrementare il VO2max sono quelli cui la gente pensa quando raccontate che state facendo allenamenti intensi. Infatti sono molto impegnativi, ma anche molto efficaci.

56

Migliorate la resistenza nella corsa veloce: tempo run breve

Quasi ogni runner ha la propria definizione di tempo run. Io qui intendo corse da 20-30 minuti a un ritmo intermedio tra quello che potreste tenere per un'ora e quello a cui correreste una mezza maratona. Lo scopo di questo tipo di allenamento, spesso detto corsa al limite della soglia lattacida, è migliorare la capacità di mantenere un'andatura costante prima di essere costretti a rallentare.

Questo rende il corpo più efficiente nello smaltimento dell'acido lattico, un prodotto di scarto dell'attività anaerobica che, quando raggiunge determinati livelli nel sangue, costringe a diminuire il ritmo.

Correre per 20-30 minuti a un ritmo intermedio tra quello che potreste tenere per un'ora e quello a cui correreste una mezza maratona significa che potete scegliere tra andature molto diverse tra loro. Il livello di sforzo che dovrete raggiungere è quello che il leggendario allenatore Jack Daniels definisce «comodamente impegnativo».

Sentirete di lavorare sodo e dovrete stare attenti a mantenere un ritmo costante, ma l'allenamento non sarà intenso come nel caso degli esercizi per migliorare il VO2max. Durante una tempo run breve dovreste riuscire a conversare senza difficoltà.

Le tempo run brevi sono ideali per raggiungere quella preparazione aerobica che vi consentirà di mantenere un'andatura sostenuta in tutte le vostre corse senza sentire il bisogno di rallentare. A parte i benefici che può arrecare in termini di rendimento in gara, è bello scoprire che siamo in grado di tenere un'andatura più sostenuta anche per periodi più lunghi. È per questo che sono convinto che tutti i runner, anche quelli che non hanno competizioni in programma, dovrebbero allenarsi con le tempo run (e con gli allunghi!).

57

Migliorate la resistenza alla fatica: tempo run lunga

L'ultimo tipo di allenamento di corsa veloce è anche noto come corsa a ritmo di gara, o a passo da maratona. Quest'ultimo nome suggerisce quale livello di sforzo si dovrà raggiungere, cioè il passo più veloce che sarete in grado di mantenere per 2-3 ore (proprio così, anche se il vostro tempo nella maratona dovesse essere più lento). La tempo run lunga, pertanto, comprende alcuni vantaggi di quella breve più i benefici della corsa lunga lenta. Il risultato è una migliore capacità aerobica, in parte perché i muscoli delle gambe imparano a ricevere e a usare in maniera più efficiente l'ossigeno veicolato dal sangue.

Una tempo run lunga può durare dai 40 agli 80 minuti o, se ragionate in termini di distanza, dai 10 ai 15 chilometri, e di solito viene eseguita come seconda parte di una corsa lunga. Se lo desiderate, tuttavia, potrete anche farla come esercizio principale in altri giorni, inserendola per esempio tra un esercizio di riscaldamento e uno di defaticamento, come fareste con un qualsiasi altro allenamento particolarmente intenso.

58

Corsa in salita

Molti runner dovrebbero allenarsi regolarmente in salita. Oltre a offrire tutti i vantaggi di un allenamento intenso su terreno pianeggiante, correre su salite impegnative comporta anche altri benefici:

potenzia i muscoli delle gambe, sollecita un numero maggiore di fibre muscolari (facilitando così l'adattamento a un maggiore carico di lavoro) e, naturalmente, fornisce una preparazione specifica per affrontare i tratti in dislivello in un'eventuale gara.

Tutti sanno che correre veloce in salita non è per niente facile, ma non credo sia per questo che molti podisti, anche quelli più ambiziosi, evitano di allenarsi sui dislivelli. Dopotutto, la loro ambizione dovrebbe spingerli a fare qualsiasi cosa per diventare più veloci, ma ritengo che molti non facciano questo tipo di allenamento perché non è facile quantificare il lavoro.

Quando si esegue una serie di ripetute da 800 metri in pista è possibile conoscere con esattezza i risultati confrontando i tempi registrati sia con quelli che si desidera ottenere, sia con quelli già ottenuti in passato in esercizi simili. Quando si corre in salita, invece, questa comparazione non è così immediata. Anche scegliendo sempre lo stesso percorso, è impossibile applicare i risultati di un allenamento in salita a quelli raggiunti in una sessione simile su pista. Inoltre, nonostante lo sforzo percepito sia alto, non significa che stiamo correndo veloci, visto che procediamo in salita.

I runner un po' insicuri che hanno bisogno del costante conforto di dati precisi per valutare condizione e rendimento tendono a evitare questo tipo di allenamento. Peccato, perché molti esercizi da fare in salita sono utilissimi per aumentare la propria velocità.

59

L'assetto corretto nella corsa in salita

Quando si corre in salita capita di pensare soltanto a come arrivare in cima e dimenticarsi di mantenere una postura corretta.

Quando vi allenate su percorsi con dislivello impegnativo, ma anche su quelli meno faticosi, non perdete mai di vista il vostro assetto. Forse qualcuno vi avrà detto di correre «inclinati verso la salita», cioè piegando il busto in avanti, ma non è il migliore dei consigli, perché vi trovereste a combattere contro la forza di gravità più di quanto la salita vi stia già obbligando a fare.

Tenete una postura eretta, con il busto dritto, e non inclinatevi verso le ginocchia. Cercate anche di mantenere la zona lombare leggermente incurvata, spingendo in avanti il bacino. (All'università il mio allenatore ci diceva sempre di «tirarlo fuori», in modo da avere il bacino nella giusta posizione: evidentemente, non aveva mai allenato delle ragazze.) Le spalle devono essere basse e rilassate. Immaginate di tirare con le mani una fune agganciata in cima alla salita. E non cercate di allungare la falcata: un passo più agile e veloce vi porterà in cima alla salita molto più rapidamente.

60

Sprint in salita

Come gli allunghi, anche gli sprint in salita servono a migliorare l'assetto e la velocità. E sempre come gli allunghi, sono abbastanza brevi da poter essere fatti nelle giornate in cui il carico è meno impegnativo, e vi prepareranno, senza affaticarvi, a un allenamento più intenso il giorno successivo.

Gli sprint sono accelerazioni in salita di 10-15 secondi su un dislivello molto accentuato. Come mi ha spiegato una volta il grande allenatore italiano Renato Canova, nello sprint bisogna aggredire la strada «come un velocista», ovvero il più velocemente possibile. Gli sprint in salita, secondo Canova, devono essere fatti «senza preoccuparsi del recupero», dato che prima di fare un secondo sprint potrete prendervi tutto il tempo necessario per recuperare. Tornate indietro camminando, e una volta arrivati in fondo passeggiate ancora per qualche minuto, finché vi sentite pronti a ripartire «come un velocista».

I maratoneti allenati da Canova intervallano i loro sprint in salita con 2-3 minuti di recupero.

È come fare degli squat usando il proprio corpo e l'inclinazione della strada anziché un manubrio con i pesi. Gli sprint in salita irrobustiscono tutti i muscoli delle gambe sollecitati nella corsa, migliorano la potenza esplosiva e allenano gli arti inferiori a utilizzare più fibre sotto sforzo. Tutte ottime cose!

La prima volta che proverete gli sprint in salita non esagerate, soprattutto se è da un po' che non sprintate sul serio. Aggiungetene uno o due ogni volta, finché arrivate a dieci. Non c'è motivo di farne di più, perché non riuscireste a correre gli ultimi al ritmo ideale.

Gli sprint possono sostituire gli allunghi nel vostro programma di allenamento. Quando vi sarete abituati, potrete farli il giorno precedente a una sessione intensa, perché preparano il sistema nervoso centrale a lavorare di più l'indomani.

61

Salite brevi

Salite abbastanza ripide che richiedano dai 30 ai 60 secondi per arrivare in cima possono sostituire gli allunghi e rendervi più veloci. Questo tipo di esercizio è una parte importante nei programmi di allenamento dei keniani: tutti, dai mezzofondisti ai maratoneti, fanno una quindicina di ripetute su una salita da

30 secondi. In questo caso è bene non recuperare completamente tra uno sprint e l'altro, in modo da sfruttare anche i vantaggi che queste sessioni hanno a livello cardiovascolare. Come al solito, dovrete raggiungere la cima mantenendo un assetto fluido ed efficiente, pertanto cercate di conservare le energie evitando di correre le prime ripetute alla massima velocità.

62

Salite medie

Salite da 90 secondi sono l'ideale per ottimizzare gli allenamenti. In questo caso, a differenza degli sprint in salita e degli esercizi su salite brevi, l'allenamento dovrà svolgersi su pendenze meno impegnative. Il ritmo dovrà essere vicino a quello che terreste nei 1.500 metri, e dovreste riuscire a eseguire otto-dieci ripetute. Siccome il tratto in salita comincia a essere piuttosto lungo, dovrete correre la discesa a un ritmo che vi consenta un pieno recupero. Se quando arrivate in fondo non doveste ancora sentirvi pronti a sprintare di nuovo, continuate ancora un po' con la corsa lenta. Mantenere una corretta intensità di esercizio è molto più importante che sentirsi mancare il fiato per tutto il tempo.

63

Salite lunghe

Correndo su salite da 2 a 4 minuti potreste ottenere molti dei risultati che otterreste con gli esercizi per migliorare il VO2max.

Inoltre, se vi state preparando per una gara sulla lunga distanza con parecchi dislivelli, abituarvi a correre in salita per periodi prolungati vi tornerà sicuramente utile.

Su questi tratti, però, state attenti nella fase di recupero. Innanzitutto, dato che prima di arrivare in fondo alla discesa avrete recuperato completamente, dovrete correre la salita con un'intensità sufficiente a mantenere le pulsazioni abbastanza elevate per tutto l'esercizio. In secondo luogo, dovrete fare attenzione alle gambe: percorrere per sei volte un tratto in discesa lungo quasi un chilometro quando ormai siete stanchi potrebbe sollecitarne eccessivamente muscoli e articolazioni. Tenete d'occhio l'assetto nel tratto in discesa, affinché l'impatto con il suolo non sia troppo violento.

64

Salite sul tapis roulant

Ecco un caso in cui una sessione al chiuso può rivelarsi migliore di una all'aperto. Sul tapis roulant potete simulare qualsiasi tipo di allenamento in salita ed evitare i possibili problemi della corsa in discesa. State però attenti a non aumentare troppo la pendenza, altrimenti finirete con il sedere per terra!

65

Come andare veloci in discesa

Se volete incrementare la velocità, perché non farvi aiutare dalla forza di gravità? Fare allunghi su un tratto in leggera discesa amplifica i vantaggi che normalmente si traggono su un terreno pianeggiante, in particolare la capacità di mantenere una falcata agile e rilassata anche a un'andatura più sostenuta.

Il segreto è scegliere una discesa con una pendenza non troppo accentuata. Se fosse troppo ripida, l'assetto che sareste obbligati a tenere sarebbe troppo diverso da quello che avete normalmente su un percorso pianeggiante o negli allunghi in leggera salita. Una pendenza pari all'1 o al 2% è l'ideale.

Come negli allunghi in piano, dovete correre veloci ma rilassati. Nei primi due allunghi evitate di andare al massimo. Poi, quando vi sarete riscaldati, dateci dentro, e negli ultimi allunghi di una serie di dieci cercate di ridurre i tempi di recupero senza compromettere l'assetto. Tra un allungo e l'altro risalite in cima correndo lentamente. Dopo un mese di sessioni settimanali di allunghi in discesa dovreste notare alcuni miglioramenti sia nell'assetto durante gli allenamenti più spinti, sia nella velocità negli ultimi tratti di una gara.

66

Gli aspetti psicologici della corsa veloce

I vantaggi psicologici dell'allenamento regolare di corsa veloce si riflettono anche nella vostra corsa in generale. Sessioni ad alta intensità vi aiuteranno a distribuire meglio le risorse mentali anche in altri tipi di corsa, nonché a continuare a correre quando il desiderio di smettere o di rallentare sembra irresistibile.

Le tempo run sono particolarmente utili perché insegnano a superare i momenti difficili e ad aspettare che passino quelle sensazioni fisiche che a volte sono più fastidiose dei dolori localizzati.

67

Relax, relax, relax

Se osservate i migliori corridori del mondo, vi accorgerete che quasi tutti sembrano sempre rilassati. Quelli che fanno smorfie, che hanno i muscoli contratti, che grugniscono o sbuffano rappresentano l'eccezione (e di solito arrivano dopo al traguardo). Tra tutti, quelli che fanno gli sprint sono particolarmente rilassati, e lasciano che la velocità venga da sé.

Anche se vi state allenando duramente e pensate che sia normale essere più contratti del solito, sappiate che questo non aiuta. Anzi, sarà causa di tensione e affaticamento di muscoli e tendini, e determinerà uno spreco di energie che invece potreste sfruttare per raggiungere prima il traguardo.

Con un po' di esercizio tutti possono imparare a correre veloci e rilassati.

Nelle vostre sessioni di corsa veloce fatevi sempre le seguenti domande: Le spalle sono basse e allo stesso livello? Le mani sono leggermente chiuse? Sto contraendo i muscoli della faccia, in particolare quelli della mascella?

Gli allunghi sono un ottimo esercizio da questo punto di vista. Ogni volta che ne fate uno, concentratevi su un singolo aspetto di quella che dovrebbe essere un'andatura morbida e rilassata. Con il tempo tutti questi movimenti vi verranno naturali, anche quando sarete sotto sforzo, cosa che di solito accade nell'ultimo terzo di una gara.

68

I benefici del gruppo

L'allenamento di corsa veloce è ideale da fare con altri runner. Anche i campioni di resistenza psicologica riescono a raggiungere più facilmente i loro obiettivi condividendo le sessioni più impegnative con uno o due compagni.

Oltre ad aiutarvi ad affrontare psicologicamente un allenamento, correre con qualcuno potrà esservi utile per sperimentare tattiche di gara (per esempio, mettersi dietro a qualcuno perché sia lui a consumare più energie). Inoltre, se nelle varie fasi dell'allenamento si alternano persone diverse alla guida del gruppo, avrete sempre qualcuno a fendere il vento per voi.

Allenarvi in gruppo, inoltre, vi assicurerà anche di restare entro i vostri limiti, se siete di quelli che nelle sessioni più impegnative tendono a esagerare. Il che ci porta al prossimo consiglio.

69

È un allenamento, non una gara

Lo scopo di ogni allenamento, anche il più duro, è migliorare la condizione per ottenere uno specifico rendimento. Ciò significa dosare lo sforzo perché sia abbastanza intenso da produrre lo stimolo desiderato, ma non così tanto da prostrarvi e compromettere le sessioni dei giorni seguenti. Ricordate il consiglio di Pete Magill: non esistono allenamenti straordinari, ma solo programmi di allenamento straordinari. Raramente i migliori corridori del mondo spingono al massimo in allenamento: l'agonismo lo tengono per le gare.

Quando terminate un allenamento, dovrebbe sempre rimanervi qualcosa nel serbatoio. Se avete fatto delle ripetute, dovreste essere in grado di correrne ancora qualcuna allo stesso ritmo. Se avete concluso una tempo run, dovreste riuscire a continuare ancora per altri 4-5 chilometri alla stessa andatura senza avvertire un incremento sensibile dello sforzo percepito.

70

La corsa veloce nel programma di allenamento

Un buon programma di allenamento dovrebbe comprendere tutti gli esercizi descritti finora. Alternandoli, svilupperete specificamente gli aspetti essenziali della corsa veloce prolungata. Se vi state preparando su una distanza in particolare in vista di una gara, potreste voler fare più spesso alcuni tipi di esercizi (per esempio, la tempo run se vi allenate per una mezza maratona), ma dovreste comunque continuare a svolgere regolarmente anche gli altri. Se invece il vostro obiettivo è raggiungere la condizione ottimale per affrontare distanze diverse, l'alternanza degli esercizi vi aiuterà a prepararvi al meglio.

In una settimana senza gare, un corridore ambizioso dovrebbe puntare a fare una sessione lunga e una corta di allenamento veloce, a cui aggiungere una corsa lunga e un giorno di esercizi specifici sulla velocità (allunghi, accelerazioni, sprint in salita, salite brevi eccetera). Quando programmate le vostre sessioni più impegnative, pensate a blocchi di un mese piuttosto che di una settimana. Cicli di sette giorni potrebbero spingervi a fissare troppi allenamenti e a ridurre i giorni di recupero, invece è importante osservare il vostro recupero dopo giornate di lavoro particolarmente duro.

In un ciclo di trenta giorni riuscirete a individuare in modo più realistico e produttivo i momenti in cui inserire gli esercizi per allenarvi su andature diverse. In un mese l'ideale sarebbe fare tre belle corse lunghe, due tempo run, due corse per aumentare il VO2max, due per migliorare l'economia della corsa e quattro sessioni di velocità.

Forse in questo modo riuscirete a ripetere lo stesso, ottimo programma il mese successivo e quello seguente ancora. Lunghi periodi con un carico di lavoro leggermente inferiore a quello che potreste sostenere sono decisamente da preferire a settimane di lavoro infernale seguite da periodi di allenamento molto al di sotto delle vostre capacità.

71

Se vi sentite in forma, non esitate

Il consiglio del keniano John Ngugi, vincitore di un oro olimpico nella 5 Km e di cinque campionati mondiali di corsa campestre, è che non bisogna mai «lasciarsi scappare il momento buono», cioè non ci si deve far limitare da un programma di allenamento deciso a tavolino.

Se il mercoledì vi aspetta una sessione particolarmente intensa ma il martedì vi accorgete che state mordendo il freno pensando all'indomani, non preoccupatevi e dateci dentro: il giorno dopo tutta quella voglia di correre potrebbe esservi passata.

Quando ha detto di non lasciarsi scappare il momento buono, Ngugi aveva vent'anni, ma il suo consiglio vale anche per i runner più anziani. Con l'età le nostre scorte di energia possono variare in fretta e in maniera imprevedibile da un giorno all'altro. Quando vi sentite particolarmente esuberanti, cogliete l'attimo.

In quest'ultimo periodo molte delle mie sessioni di tempo run le decido in base al consiglio di Ngugi: dopo avere corso per 3 chilometri so se è il momento giusto per darci dentro nei prossimi 20-30 minuti. L'unico giorno in cui cerco di evitarlo è quello che segue un allenamento ad alta intensità. In queste giornate è meglio tenere un'andatura rilassata e tranquilla, anche se ci si sente alla grande.

72

Una variante: le ripetute progressive

Invece di correre tutte le ripetute sulla medesima distanza, provate a farle in progressione: partite con un tratto breve, poi allungatelo e infine tornate alla distanza iniziale. Per esempio, se vi state allenando su pista a ritmo da 5 Km, potreste cominciare con ripetute da un giro di 400 metri, poi di due, tre e quattro giri, per poi scalare un giro alla volta e terminare l'esercizio nuovamente con una ripetuta da 400 metri. Correre le ripetute in questo modo è un ottimo modo per allenarsi sia fisicamente sia psicologicamente. Quando riducete i giri potreste correre gli ultimi due a un'andatura un po' più sostenuta, per esercitarvi ad aumentare il ritmo quando siete già stanchi.

Una delle possibili controindicazioni di questo esercizio è che diventa mentalmente più facile nella fase in cui scalate il numero di giri. In gara, invece, la tensione psicologica non diminuisce all'approssimarsi del traguardo.

73

Un'altra variante: sprint finali

Terminate alcune delle vostre sessioni di ripetute su distanze più lunghe, per esempio di qualche chilometro, correndone alcune da 200 o 300 metri. Sarete piacevolmente sorpresi di scoprire quanto veloci riuscirete a correre questi tratti più brevi dopo esservi scaldati adeguatamente. Una volta ho registrato un record personale nell'ultima di quattro ripetute da 200 metri, una distanza che avevo deciso di correre sul momento subito dopo una serie di sei ripetute da 800 metri.

74

Ancora un'altra variante: il fartlek

Con il termine fartlek molti intendono un allenamento piuttosto strutturato, per esempio dieci ripetute da 2 minuti seguite da altri 2 minuti di corsa di recupero, da farsi ovunque tranne che in pista. Ma il vero fartlek, come suggerisce il significato di questa parola svedese che vuol dire «gioco di velocità», non è un esercizio organizzato: dateci dentro finché ve la sentite, recuperate per tutto il tempo che vi occorre, ripartite decisi, magari percorrendo una distanza diversa a un'andatura diversa, poi di nuovo un po' di recupero e alla fine, quando vi sembra di avere lavorato abbastanza per quel giorno, fermatevi.

Il fartlek è un ottimo esercizio per i runner che vogliono migliorare la distribuzione dello sforzo. Vi aiuterà a capire quando siete pronti a spingere e quando invece rallentare. Inoltre, è un modo per contrastare la tendenza di molti podisti a valutare il proprio rendimento soltanto attraverso il cronometro.

75

Allenamenti «a metà»

Nessun allenamento intenso deve necessariamente diventare sfiancante. Potete aumentare la qualità delle vostre sessioni anche senza spomparvi, per esempio fermandovi verso la fine dell'allenamento e correre, sia che siate in pista, in salita o in qualunque altro tratto senza ostacoli, qualche ripetuta tra i 200 e gli 800 metri.

76

Ritmo abituale e ritmo desiderato

Fate quasi tutte le sessioni di corsa veloce al vostro ritmo abituale, non a quello che vorreste tenere in gara. In questo modo sarete sicuri di non esagerare e di mantenere la giusta intensità di allenamento, senza affaticarvi per registrare tempi che potrebbero non essere adatti alla vostra condizione attuale. Dopotutto, se bastasse scegliere un tempo e cominciare ad allenarsi a quell'andatura per riuscire a raggiungere il ritmo di gara desiderato, avrei cominciato da un pezzo a correre le mie sessioni più impegnative mantenendomi al di sotto dei 3 minuti per chilometro.

Per prima cosa, allenatevi in base alle vostre effettive capacità in quel momento. Migliorerete non solo la vostra condizione, ma anche i vostri tempi in gara. Riducete i tempi in allenamento solo dopo avere cominciato a correre gare più veloci per cui è necessario farlo.

77

Considerate il passo in prospettiva

Quando qualcuno più veloce di voi vi descrive il suo programma di preparazione, cercate di tradurre il suo ritmo in allenamento in livelli di sforzo relativi al passo di gara. Correre gli ultimi 15 chilometri di una corsa di 30 restando intorno ai 3 minuti al chilometro potrebbe sembrare molto veloce (e lo è!), ma per un atleta allenato non è altro che una corsa lunga con passo da maratona nella seconda parte. Questo è il tipo di allenamento che la maggior parte di quelli che si preparano per una maratona potrebbe e dovrebbe fare.

Quando studiate i programmi di allenamento di qualcun altro, concentratevi su come sono strutturati e sui livelli di sforzo, non sui tempi di quella persona in coincidenza di quegli sforzi.

78

Dove correre veloci

Quando pensiamo alla corsa veloce tendiamo a figurarci una serie di ripetute su una pista da 400 metri. È vero che la pista può fornirci dati oggettivi sulla velocità o sulla distanza percorsa, favorendo il confronto tra questo tipo di informazioni e i risultati ottenuti una settimana o un mese prima nello stesso esercizio, ma fare tutte le sessioni di corsa veloce in pista potrebbe essere controproducente.

È facile abituarsi ad avere tempi intermedi ogni 400 o 200 metri e modificare il ritmo di conseguenza, ma la maggior parte di noi corre gare su strada, non su pista. Quand'è stata l'ultima volta che avete avuto un tempo intermedio sui 400 metri durante una gara su strada?

Allenarsi soltanto in pista e valutare il proprio rendimento sui tempi intermedi non sviluppa quella capacità di giudizio necessaria per dosare i propri sforzi, e che si basa esclusivamente sul feedback del nostro corpo: Sto andando troppo veloce? Sono partito troppo lento? Posso spingere di più su questa salita? Riuscirò a mantenere questa andatura fino al traguardo?

Un buon compromesso, all'inizio di un programma di allenamento, sarebbe eseguire su pista le prime sessioni intense per farvi un'idea del vostro ritmo, poi passare su strada. Per esempio, invece di sei ripetute da 800 metri seguite da un giro di corsa di recupero, potreste fare 3 minuti a ritmo da 5 Km, seguiti da 2 minuti di recupero. Potrete facilmente tradurre in minuti anziché in metri anche gli altri esercizi di corsa veloce.

79

Il terreno giusto per la corsa giusta

Un'altra ragione per fare quasi tutte le sessioni ad alta intensità lontano dall'ambiente asettico della pista è che vi permetterà di allenarvi sui diversi tipi di terreno su cui si svolgeranno le gare. Correndo allunghi e tempo run su strada dovrete affrontare curve a gomito, salite, discese e tutte le altre configurazioni del terreno che si incontrano in una normale gara. Inoltre, nei tratti asfaltati preparerete meglio muscoli e tendini all'impatto con il suolo.

80

Quando un allenamento non va per il meglio

Ci saranno giornate storte. Come abbiamo già visto per la corsa lunga, per decidere come comportarsi quando qualcosa non va dovete capire cosa sta succedendo. Se non riuscite a ottenere i tempi desiderati perché avvertite un dolore intenso e localizzato, fermatevi. Provare ad aumentare il ritmo potrebbe aggravare l'infortunio latente.

Se invece fossero le condizioni atmosferiche a pregiudicare il rendimento, continuate. Accettate l'idea che i vostri tempi saranno più alti di quelli desiderati, e concentratevi sul carico di lavoro.

Continuate anche se le prestazioni dovessero essere leggermente inferiori al solito, e sebbene questo calo non abbia cause particolari: non dovete abituarvi a interrompere una sessione soltanto perché non sta andando come vorreste.

Al contrario, se i vostri tempi fossero sensibilmente superiori a quelli ottenuti di recente in esercizi simili, probabilmente fareste meglio a fermarvi. Con «sensibilmente superiori» intendo: Ma che diavolo mi sta succedendo? Per esempio, una differenza di 5 secondi a giro. In questo caso, o la sessione vi sta affaticando troppo o qualcos'altro che non è l'allenamento vi ha stancato e magari state per ammalarvi. Fermatevi e riposate finché vi sentite pronti a riprendere gli esercizi più intensi.

81

Un altro valido motivo per non allenarsi in pista

Tenete presente che tutte le situazioni appena descritte sono possibili soltanto in pista. Ecco allora un'altra ragione per fare gli allenamenti di corsa veloce e le sessioni più intense su un percorso diverso: perché non dovrete pensare a tutte queste cose!

Se vi allenate facendo sei ripetute da 3 minuti a ritmo da 5 Km su strada, avrete meno elementi per dirvi: Non sto andando bene. Vi limiterete a tenere l'andatura che quel giorno si rivelerà più appropriata, considerata la vostra condizione e l'ambiente in cui vi state allenando.

82

Come fare un buon riscaldamento

Che il corpo debba essere preparato per una sessione di corsa veloce è logico. Ciò che invece potrebbe non essere altrettanto ovvio è come fare riscaldamento. Un buon modo per cominciare, anche se non certo l'unico, è la corsa lenta. Cominciate a un'andatura meno sostenuta di quella che terreste per una normale corsa. È il momento di riaccendere il vostro corpo.

Quando avrete finito la vostra corsetta di riscaldamento, dovreste riuscire a muovervi in maniera più fluida e rapida di quando avete cominciato, senza avvertire un incremento sensibile dello sforzo percepito.

Continuate il riscaldamento con alcuni esercizi di stretching dinamico, per esempio slanciando le gambe o saltellando sul posto.

Questo tipo di stretching è da preferirsi a quello statico, perché prepara meglio i muscoli al duro lavoro che li attende.

A questo punto eseguite da quattro a otto allunghi di 80-100 metri, aumentando il ritmo ogni volta, e senza temere che possano «pesare» sull'allenamento successivo: anzi, vi consentiranno di affrontare le prime ripetute alla giusta intensità e con un'adeguata mobilità articolare.

Se dovete eseguire ripetute da 2 minuti o più, dopo l'ultimo allungo correte per 30-60 secondi al ritmo che desiderate tenere nella prima ripetuta; su pista, una comoda soluzione è correre 200 metri a questa andatura.

Così preparerete il vostro sistema circolatorio a lavorare a un ritmo sostenuto fin dalla prima ripetuta. Tra quest'ultima corsa e la prima ripetuta prevista dalla vostra sessione di allenamento, prendetevi un paio di minuti per recuperare, continuando a camminare o facendo un po' di stretching dinamico.

83

Come fare un buon defaticamento

I motivi per cui non limitarsi a coricarsi sotto un albero dopo un allenamento particolarmente intenso non sono altrettanto scontati di quelli per effettuare un buon riscaldamento. Ma anche gli esercizi di defaticamento sono importanti.

Per capire perché, provate a rappresentare graficamente l'attività di un allenamento: da una condizione di sedentarietà si passa prima a una leggera attività, che a mano a mano diventa più intensa e raggiunge il picco nella parte centrale dell'allenamento (per esempio, una serie di ripetute da 800 metri). Durante questo picco il corpo lavora a pieno regime, e un buon defaticamento consente di riportare gradualmente l'attività corporea al livello normale. Il vostro corpo vi ringrazierà, perché riuscirà ad affrontare meglio le sessioni di corsa che lo aspettano nei giorni successivi.

Per riportare progressivamente il corpo in condizioni normali dopo il picco di attività metabolica raggiunto durante l'allenamento, fate da 2 a 5 chilometri di corsa lenta. Dopodiché eseguite alcuni esercizi di stretching non eccessivamente impegnativi, statici o dinamici, per favorire l'afflusso di sangue ai muscoli che più di altri hanno sostenuto il carico di lavoro: contribuirete a liberare i prodotti di scarto del metabolismo e a riossigenare i tessuti muscolari.

84

L'alimentazione postallenamento

Dopo un allenamento intenso è normale non avvertire lo stimolo della fame per un po'. Tuttavia, sarebbe meglio assumere il prima possibile alcune calorie sotto forma di carboidrati. Dopo sessioni particolarmente impegnative, il sistema immunitario sarà soppresso per alcune ore: ingerire carboidrati bilancerà questa soppressione, riducendo le possibilità di ritrovarvi con un raffreddore due giorni dopo.

Se il vostro stomaco rifiuta il cibo solido, assumete l'equivalente di circa 200 calorie sotto forma di bevanda energetica entro la prima ora dopo la fine dell'allenamento.

85

Diventare più veloci senza allenarsi nella corsa veloce

Fare esercizi indirizzati a migliorare l'assetto della corsa potrà aiutarvi a essere più veloci eliminando imperfezioni e difetti della vostra andatura. Ne esistono di specifici per ogni movimento coinvolto nella corsa, per esempio per alzare correttamente le ginocchia o per eseguire nel migliore dei modi la «scalciata» all'indietro. A mano a mano che ciascuno di questi movimenti vi risulterà più naturale, diventeranno parte della vostra falcata e riuscirete a correre più velocemente riducendo il rischio di infortuni.

Cominciate a inserire esercizi di questo tipo nel vostro programma di allenamento una volta alla settimana, per esempio dopo una corsa a ritmo lento. Un'ottima idea sarebbe eseguirli lo stesso giorno degli allunghi. Quando vi sarete abituati, fatene alcuni anche durante il riscaldamento prima di una sessione ad alta intensità: vi aiuteranno a correre la prima ripetuta con un'andatura più fluida e un assetto corretto.

Gli allenatori Greg McMillan e Jay Johnson hanno prodotto eccellenti DVD in cui spiegano e mostrano l'assetto migliore per ciascuno di questi esercizi, in modo da trarne i massimi benefici.

86

Qual è la frequenza del passo corretta?

Il numero di volte al minuto in cui i vostri piedi toccano terra dipende, almeno in parte, dalla genetica e dal vostro sistema nervoso centrale. Non esiste una frequenza perfetta per le corse sulla lunga distanza, ma potrete comunque correre più veloci, con maggiore efficienza e minore sforzo se riuscirete a incrementarla fino a 170 passi al minuto (calcolate quante volte un singolo piede tocca terra in un minuto, poi moltiplicate il risultato per due).

Se la vostra frequenza è inferiore a 170, cercate di aumentarla in alcune sessioni. Per riuscirci è fondamentale fare allunghi almeno una volta alla settimana.

Per allenare il sistema nervoso centrale a lavorare più rapidamente potreste anche provare, al termine di qualche uscita, a correre velocemente sul posto: senza sollevare completamente i piedi, «correte» il più velocemente possibile per almeno 10 secondi, poi camminate per un minuto. Ripetete l'esercizio due volte.

87

Le scarpe giuste per correre veloci

Se avete intenzione di partecipare a una gara, compratevi scarpe da gara. Avere meno peso ai piedi diminuisce il consumo di ossigeno a ogni passo, favorendo una corsa più veloce.

Di solito calzature di questo tipo provocano, durante ma anche dopo la gara, affaticamento muscolare e dolore al tallone e nella zona del tendine di Achille. Questo perché le scarpe da gara hanno una suola più sottile e sono meno ammortizzate di quelle da allenamento.

Una semplice soluzione per questo problema potrebbe essere utilizzare scarpe da gara nelle sessioni ad alta intensità: in questo modo non solo preparerete muscoli e tendini a correre con una suola più sottile in vista di una competizione, ma vi sarà più facile svolgere l'allenamento tenendo un assetto di corsa fluido ed efficiente, cosa indispensabile per essere più veloci.

88

Il rapporto tra corsa lenta e corsa veloce

Ricordate il consiglio numero 77, quello in cui vi suggerivo di tradurre i ritmi di allenamento dei runner più veloci di voi in livelli di sforzo relativi al passo di gara e guardarli in prospettiva? Allo stesso modo, è utile anche capire la velocità di recupero dei migliori corridori in relazione al loro ritmo di gara. Un'atleta di livello nazionale che corre il recupero a un ritmo di quasi 5 minuti al chilometro tiene un passo di circa 1 minuto e 20 secondi più lento del suo ritmo nella 10 Km.

E voi? Probabilmente, nel vostro caso sarà diverso.

Una delle maggiori differenze tra i corridori professionisti e gli altri runner riguarda proprio i giorni dedicati al recupero. I primi, il giorno successivo a una sessione ad alta intensità stanno molto attenti a dosare il carico di lavoro, esattamente come hanno fatto la giornata precedente durante l'allenamento di corsa veloce. Sanno che in questi giorni di recupero il loro corpo si adatta agli stimoli delle sessioni più impegnative, migliorando la loro condizione. Favorendo questo adattamento con un giorno di corsa lenta riescono a ottenere il massimo dalle sessioni più intense. Allora perché non dovreste farlo anche voi?

89

Il modo migliore per usare il cardiofrequenzimetro

Appena comincerete a fare le sessioni di corsa veloce con una certa regolarità riuscirete subito a capire, grazie ai segnali del vostro corpo, se state lavorando alla giusta intensità. Pertanto, anche se i cardiofrequenzimetri possono fornirvi informazioni aggiuntive e confermarvi che, per esempio, potreste continuare per un'ora allo stesso livello di sforzo, nella maggior parte dei casi non sono necessari.

L'uso migliore di un cardiofrequenzimetro, invece, è consultarlo per assicurarvi che non stiate andando troppo veloci nelle giornate di recupero. Quando si è abituati a sostenere lo stesso livello di sforzo nella maggior parte delle sessioni, tenersi al 70% della normale frequenza cardiaca potrà sembrarvi incredibilmente poco, ma questo carico apparentemente troppo leggero è esattamente quello di cui avete bisogno per recuperare dopo un allenamento intenso. Se nei giorni di recupero tendete ad andare troppo veloci, regolate il cardiofrequenzimetro perché suoni quando superate il 70% della vostra normale frequenza cardiaca e rallentate finché smette di suonare.

90

Calcolare la vostra frequenza cardiaca massima

Perché il cardiofrequenzimetro possa risultarvi utile, dovete conoscere la vostra frequenza cardiaca massima. Tutte le formule più comuni per calcolarla, come sottrarre a 220 la vostra età, non valgono nulla perché si basano su valori medi, e come tali, poiché ciascuno di noi è un individuo diverso dagli altri, non possono essere applicati ai casi specifici.

Per calcolare con una buona approssimazione la vostra frequenza cardiaca indossate il cardiofrequenzimetro durante alcune sessioni in cui lavorate sul VO2max. Il valore più alto che otterrete verso la fine dell'allenamento dovrebbe corrispondere alla vostra frequenza cardiaca massima, con un margine di errore di appena qualche pulsazione. Potrete ottenere valori affidabili anche facendo dieci allunghi molto veloci su salite da 2 minuti o durante una gara da 5 Km.

91

Un concetto importante per la preparazione di una gara

Prepararsi a una gara non è come studiare per un esame negli ultimi quindici giorni: infatti è probabile che una serie di sessioni ad alta intensità nelle due settimane prima dell'evento possa affaticarvi troppo e procurarvi infortuni, piuttosto che migliorare la vostra condizione. Il lavoro fondamentale è quello svolto regolarmente e con maggiore tranquillità nei mesi precedenti.

Se non vi sentite pronti per una particolare competizione, evitate di aumentare eccessivamente l'allenamento. Rivedete i vostri obiettivi per la gara e corretela in modo da trarne informazioni che vi permettano di capire quali sono stati i vostri errori nella preparazione, così che la prossima volta possiate partecipare con una condizione migliore.

92

Un mantra valido per tutte le gare, su qualsiasi distanza

«Non fare l'idiota nella prima parte della gara. Nella seconda, non fare il rammollito.»

93

Ignorate gli altri nel primo terzo di gara

La ragione principale per cui molti non corrono al meglio delle loro possibilità durante una competizione è che partono troppo veloci.

Anche quelli che si promettono di tenere un'andatura regolare fin dalla partenza tendono a perdere la testa dopo il via. Non riescono a partire con moderazione, in parte perché gli avversari che vorrebbero battere sembrano già troppo in vantaggio.

Nel primo terzo di una gara non fatevi travolgere dalla frenesia e ignorate gli altri. Nessuno vi obbliga a correre come forsennati dietro ad avversari che rischiano di compromettere i loro risultati con una partenza troppo veloce: se volete battere qualcuno in particolare, il modo migliore per riuscirci è trovarvi davanti a lui alla linea del traguardo, non dopo un chilometro dalla partenza.

Per correre il vostro tempo migliore dovrete tenere quasi sempre la stessa andatura: provateci, e vedrete che nell'ultimo terzo di gara raggiungerete quelli che sono partiti troppo veloci. E mentre li supererete non riusciranno a reagire, perché staranno pagando l'esuberanza iniziale.

94

Indicazioni di gara: la 5 Km

Partire troppo veloci è un errore molto frequente nella 5 Km. Tra le più comuni, questa è la gara in cui meno ci si può permettere di sbagliare nei primi 1.500 metri. Poiché si tratta di una competizione breve che si corre molto vicini alla propria soglia aerobica, se sbaglierete ritmo a inizio gara non avrete il tempo di recuperare e riorganizzarvi.

Se partirete con un'andatura troppo rapida, durante i secondi 1.500 metri avrete la sensazione che una catastrofe stia per abbattersi su di voi. Ancora qualche minuto e comincerete a respirare affannosamente e sarete costretti a rallentare.

Qualsiasi vantaggio avrete guadagnato partendo veloci scomparirà e perderete ulteriore terreno, raggiungendo a fatica il traguardo.

Allenarvi regolarmente a ritmo da 5 Km dovrebbe insegnarvi a individuare a quale livello di sforzo correre i primi 1.500 metri, e farlo su un percorso irregolare che non sia la pista vi aiuterà ancora di più in questo compito. Ma anche se vi allenate su pista, sfruttate queste sessioni per capire come comportarvi nei primi 1.500 metri di una 5 Km: guardate il cronometro solo alla fine di una ripetuta, intensificando o riducendo di conseguenza lo sforzo in quella successiva.

Questo vi garantirà una preparazione migliore di quella che potreste ottenere controllando i parziali ogni mezzo giro, perché in gara, quando vi servirebbero di più, questi parziali non potrete averli.

95

Indicazioni di gara: la 10 Km

Uno dei segreti per correre la 10 Km al meglio delle proprie possibilità è non correre i primi 1.500 metri a ritmo da 5 Km. Per la maggior parte dei runner si tratta di una differenza minima (circa 10-15 secondi su 1.500 metri), ma comunque significativa in termini di sforzo.

Se nei secondi 1.500 metri di una 10 Km fate già un respiro a ogni passo, significa che siete partiti troppo veloci. Per evitare che la gara si trasformi in un completo disastro, diminuite il ritmo per qualche minuto in modo da riprendere fiato e poi correre di nuovo a ritmo di gara.

96

Indicazioni di gara: 15 Km, 20 Km e mezza maratona

Commettere errori mentali in gare intermedie come la 15 Km, la 20 Km e la mezza maratona è piuttosto frequente. Se decidete di darci dentro aumentando di molto il vostro ritmo di allenamento, non dovrete mai perdere la concentrazione. Il passo ideale non dovrà compromettere la respirazione per la maggior parte della gara, ma dovrete comunque spingere per tenere il livello di sforzo corretto.

In caso contrario i vostri tempi intermedi cominceranno ad aumentare di 10-15 secondi ogni 1.500 metri.

Quanto appreso nelle vostre sessioni di tempo run sarà essenziale per mantenere costante la concentrazione.

97

Indicazioni di gara: la maratona

Per i primi 25 chilometri risparmiate più energie mentali che potete. Non voglio dire che non dovrete badare al ritmo, all'idratazione o alle vostre sensazioni, ma che almeno all'inizio non dovrete farvi coinvolgere più di tanto, per esempio reagendo a ogni mossa dei vostri avversari e lasciandovi sopraffare dalla gara troppo presto, altrimenti non sarete in grado di sostenere uno sforzo simile fino alla fine, né a livello fisico né a livello mentale. Chiunque si sia ritrovato senza fiato negli ultimi chilometri di una maratona, me compreso, vi dirà che è un'esperienza da evitare.

Se siete abbastanza allenati, il ritmo da tenere nella prima parte di una maratona dovrebbe essere quello che vi viene naturale. Per quanto possibile, sia per il corpo sia per la mente, attivate il pilota automatico. Se vi dovesse capitare di tenere, com'è probabile e senza rendervene conto, un ritmo più sostenuto di quello che avevate programmato per la gara, rallentate. Mantenendo un'andatura anche solo leggermente più sostenuta andreste a intaccare quella riserva di carburante che invece vi servirà, in ogni suo singolo grammo, dopo i primi 25 chilometri. Tenetevi gli incrementi di ritmo e gli exploit eroici per gli ultimi 10 chilometri.

98

Come fare un buon riscaldamento pregara

Fatta eccezione per le maratone, prima delle quali basterà una breve corsa di riscaldamento e qualche esercizio di stretching, per prepararvi a una qualsiasi gara eseguite la routine di riscaldamento che utilizzate prima dei vostri allenamenti più intensi. Calcolate i tempi in modo da terminare gli allunghi una decina di minuti prima della partenza; dopodiché correte per 60-90 secondi a ritmo di tempo run fino a circa 5 minuti prima della gara, poi continuate a corricchiare e muovervi il minimo necessario per tenervi caldi e sciolti.

I 60-90 secondi a ritmo da tempo run prepareranno il vostro corpo a lavorare a un livello metabolico più intenso, rendendo meno brusco il passaggio al ritmo di gara. Questo accorgimento si basa sull'esperienza di molti corridori, che hanno osservato come la seconda ripetuta di un allenamento ad alta intensità sia molto più facile della prima.

Se sarete allenati a sufficienza non avrete motivo di temere che un riscaldamento piuttosto aggressivo come quello appena descritto possa intaccare il vostro rendimento in gara.

99

Non tutte le gare sono le Olimpiadi

Non aspettatevi di ottenere il massimo in ogni gara. Confrontare i risultati ottenuti in ciascuna competizione con il vostro record personale su quella specifica distanza è irrealistico. Più che obiettivi fine a se stessi, molte gare sono momenti utili per migliorare le prestazioni e la velocità per le competizioni successive. Considerati tutti i fattori in gioco – programma di allenamento, tipo di percorso, condizioni climatiche e la vostra resistenza mentale –, se riuscirete a correre una gara al massimo delle vostre possibilità non dovreste chiedere di più,

100

Gare come allenamenti

Secondo un vecchio detto, «il migliore allenamento è una gara». Partecipare alle competizioni per spezzare la monotonia dell'allenamento è un'idea eccellente, nonché un ottimo modo per evitare di pensare all'agonismo come all'aspetto più importante della vostra attività sportiva. Se prima di una gara tendete a essere nervosi, considerarla come un allenamento vi insegnerà ad affrontarla con più tranquillità.

Avete diverse possibilità: correte la 5 Km come se fosse una sessione di tempo run; allenatevi negli sprint finali correndo la prima parte di una 10 Km al passo di tempo run, poi aumentate il ritmo nella seconda parte; correte una 15 Km o una mezza maratona a ritmo da maratona, per imparare a idratarvi e a correre in gruppi numerosi.

101

Fissate gli obiettivi di una gara

Prima di una gara dovreste essere in grado di formulare almeno tre obiettivi. Innanzitutto, il risultato che vorreste conquistare (di nuovo, non dovrà sempre essere un record personale). Poi dovreste poter rispondere alla domanda: Che cosa voglio ottenere da questa gara? Terzo: se la gara non dovesse andare come sperato, dovreste individuare almeno un paio di cose da salvare, in modo da poterla ricordare come un'esperienza positiva.

102

Riducete progressivamente l'intensità degli allenamenti

Prima di una gara importante diminuite il carico di lavoro in allenamento in maniera progressiva e ragionata. Passando bruscamente da un regolare programma di allenamento ad andatura variabile a semplici corse a ritmo lento, il giorno della competizione vi ritroverete senza energie.

Anche un allenamento molto intenso nella settimana prima di una gara importante non servirà a migliorare la vostra condizione, quindi non ha senso farlo, rischierete soltanto un affaticamento eccessivo. Provate con ripetute di 400 o 600 metri a ritmo di gara cinque giorni prima della competizione, in modo che i vostri muscoli imparino a ricordare l'andatura che dovranno tenere. Due giorni prima della gara fate una sessione di allunghi per tenere in attività il sistema nervoso centrale e avere la mobilità articolare necessaria per un assetto di corsa ideale.

103

La lunghezza della gara non determina il vostro valore come corridori

Con l'aumento di popolarità di gare come la mezza maratona e la maratona, negli ultimi anni è ormai piuttosto comune misurare il valore di un corridore in base alla lunghezza delle competizioni cui partecipa. Ma è una stupidaggine. I migliori al mondo nei 1.500 metri si allenano percorrendo regolarmente più di 150 chilometri a settimana per prepararsi a una gara che finiranno in meno di 4 minuti. Non permettete a nessuno di mettere in dubbio il vostro valore come runner solo perché avete scelto, per esempio, di vedere quanto veloci riuscite a correre nelle competizioni più brevi.

104

Quando la gara comincia di mattino presto

Nella maggior parte dei casi, le gare su strada cominciano piuttosto presto al mattino, per evitare il caldo e le complicazioni legate al traffico. Se siete abituati a svolgere le vostre sessioni ad alta intensità nel pomeriggio o alla sera, ogni tanto sarà utile programmarne una al mattino, in modo da abituarvi a correre veloci già così presto. Molte delle funzioni corporee coinvolte nella corsa veloce raggiungono la massima capacità di espressione solo nel tardo pomeriggio, perciò dovrete insegnare al vostro corpo a dare il massimo in quello che considera un momento non ideale.

Allenandovi al mattino presto almeno una volta al mese imparerete anche come gestire molti altri aspetti, per esempio quanto tempo prima avete bisogno di svegliarvi per correre e quello che potete mangiare senza che il vostro stomaco vi dia problemi.

105

Modalità di mantenimento

Spesso la vita di tutti giorni prende il sopravvento e diventa impossibile allenarsi come vorremmo. Quando sapete che per un periodo da una settimana a un mese sarete costretti a saltare qualche allenamento, aumentate leggermente il carico di lavoro nelle altre sessioni. Continuando ad allenarvi su andature diverse non dovreste avvertire un calo sensibile della vostra condizione.

Se nei periodi in cui siete particolarmente impegnati riuscite comunque ad allenarvi quotidianamente ma per meno tempo, programmate sessioni ad alta intensità in versione ridotta. Per esempio, invece di fare riscaldamento e una tempo run seguita da un buon defaticamento, fate un'uscita di 8 chilometri scaldandovi nei primi 1.500 metri, spingendo per 5 chilometri e correndo a ritmo lento gli ultimi 1.500 metri, come defaticamento. Allo stesso modo, potreste fare sei accelerazioni da 30 secondi ciascuna nell'ultima parte di una corsa, anziché una serie completa di allunghi.

Se invece non riuscite ad allenarvi tutti i giorni previsti dal vostro programma settimanale, riservate almeno una giornata agli allunghi e una alla corsa lunga. Quando vi sentite troppo stressati per affrontare una determinata sessione, è il momento ideale per provare il fartlek, che potrete correre più o meno velocemente in base a come vi sentite.

106

Correre più veloci per sentirsi più in forma

Quando vi sentite a terra, un po' di corsa veloce è spesso la cura migliore. Una sessione da 8 chilometri ad andatura ridotta potrebbe affaticarvi di più. Provate invece a inserire qualche accelerazione o una serie di allunghi al termine del programma giornaliero. Costringendo il sistema nervoso centrale a lavorare a un'intensità maggiore, brevi inserti di corsa veloce (ma non abbastanza lunghi da sfinirvi) potranno aiutarvi a combattere la fiacchezza.

107

La velocità è qualcosa che si perde, se non la si pratica

Cercate di mantenere sempre una certa confidenza con la corsa veloce. Se lascerete passare anche solo qualche settimana senza praticarla, ci metterete più tempo a recuperare che non esercitandola in una o due sessioni settimanali soltanto per tutto l'anno. Per mantenere a un buon livello la vostra velocità non sarà necessario macinare ripetute da 200 metri ogni settimana. Allunghi ad andatura veloce ma rilassata verso la fine di una sessione di corsa lenta, o immediatamente dopo, basteranno a preservare la vostra capacità di cambiare frequenza di passo e quell'ampiezza di mobilità che si ottiene soltanto spingendo quasi al massimo.

108

Ultima considerazione sul correre veloce

I migliori corridori al mondo possiedono fin dalla nascita alcune doti che si manifestano quando cominciano ad allenarsi seriamente. Tuttavia, queste persone riescono a esprimersi al massimo delle loro possibilità soprattutto grazie alla loro mentalità. Una mentalità che tutti possiamo adottare, a prescindere dalle nostre caratteristiche genetiche.

Quante volte vi è capitato, dopo una serie di sessioni positive, che un allenamento non sia andato per il meglio e allora avete cominciato a dubitare della vostra condizione? E quante volte avete preso un risultato in gara inferiore alle vostre potenzialità come nuovo parametro delle vostre capacità?

Gli atleti che viaggiano costantemente su livelli di eccellenza la pensano in un altro modo. Ho parlato con moltissimi corridori di livello nazionale e internazionale, e posso dire che il loro atteggiamento si caratterizza per un «ottimismo fondato sulla realtà». In altre parole, sono sicuri che riusciranno a ottenere grandi risultati, se lavoreranno nel modo giusto.

Per loro, un allenamento o una gara particolarmente riusciti sono un'anticipazione di quello cui possono aspirare, non un evento isolato. E un paio di pessimi allenamenti o una gara in cui non si sono espressi come speravano sono, invece, segnali di qualcosa che non va come dovrebbe, occasioni di riflessione e di analisi: Sto dormendo abbastanza? Ho corso come un idiota? Le mie aspettative erano coerenti con la mia condizione? Mi sto ammalando? E così via.

Se il programma di allenamento che state seguendo è il più adatto a voi, e se i vostri obiettivi, anche se impegnativi, sono realistici, potrete migliorare il vostro rendimento. Lasciatevi pure prendere dall'entusiasmo quando un allenamento o una gara vanno particolarmente bene, vuol dire vi state muovendo nella direzione giusta; e sforzatevi di accettare il fatto che una performance al di sotto delle vostre capacità ha sempre cause ben precise: anziché pensare che rispecchi la vostra effettiva condizione, cercate di individuare le ragioni per cui non vi siete espressi come avreste potuto, nonché il modo per evitare che questo si ripeta.

PARTE TERZA

Correre senza infortuni: 50 consigli per evitare, curare e superare gli infortuni

NESSUN corridore vorrebbe mai subire un infortunio. Quando succede, si insinuano infiniti dubbi e preoccupazioni, e l'attività che di solito aiuta a smaltire lo stress diventa fonte di apprensione.

Quando capita di infortunarsi si attraversano le famose cinque fasi del lutto – rifiuto, rabbia, negoziazione, depressione e accettazione –, ed è possibile sperimentarle tutte anche in una corsa di mezz'ora. Dopo l'infortunio sembra improvvisamente che il mondo sia diventato un luogo crudele. Che siate mezzofondisti da 1.500 metri o maratoneti, podisti alle prime armi o runner esperti, che facciate una gara alla settimana o che competere non vi interessi neppure, evitare di infortunarsi dovrebbe essere una vostra priorità.

Purtroppo, però, nella vita di un corridore gli infortuni accadono. E perché interferiscano con la vostra attività non è necessario che siano così gravi da impedirvi di correre: è sufficiente che siano fastidiosi. Anzi, sotto certi aspetti i piccoli disturbi cronici con cui riuscite comunque a correre possono essere molto più spiacevoli e seccanti degli infortuni più gravi, perché malgrado vi costringano a pensarci costantemente e incidano parecchio sulla vostra attività, potreste facilmente rassegnarvi a conviverci.

I consigli che troverete in questa parte del libro si fondano su tre diverse considerazioni a proposito degli infortuni. La prima l'ho già esposta: essere infortunati è uno schifo, quindi è meglio cercare di evitarlo. La seconda è che quando si è infortunati o si soffre di un dolore cronico associato alla corsa, bisogna occuparsene immediatamente, prendendo tutta una serie di provvedimenti a seconda della situazione. La terza è che tutti gli infortuni sono indice di un problema connesso a una delle tante parti del corpo coinvolte nella corsa, e come tali offrono l'opportunità di individuare l'origine del problema ed elaborare un programma a lungo termine per impedire che la medesima situazione si ripresenti in futuro.

Cominciamo dunque con alcune osservazioni generali sui motivi per cui ci si infortuna e sulla possibilità o meno di continuare a correre quando accade, oppure se è il caso di rivolgersi a uno specialista. Dopodiché vedremo come intervenire su alcuni dei problemi più comuni, e come mantenersi in forma anche da infortunati. Infine, vi darò qualche consiglio per sviluppare una condizione fisica tale da rendervi più resistenti agli infortuni e aiutarvi a correre al livello desiderato.

109

Che cos'è un infortunio legato alla corsa?

A differenza di incidenti gravi come la rottura di un tendine di Achille per un giocatore di pallacanestro o di un legamento crociato per un calciatore, quasi tutti gli infortuni che riguardano la corsa dipendono da un'usura eccessiva di una o più parti del corpo che, con il tempo, non riescono più a sopportare le continue sollecitazioni cui sono sottoposte. Il lato positivo, dunque, è che quasi tutti i problemi di questo tipo possono essere superati in poco tempo. Intervenendo tempestivamente, riuscirete a placare quella parte di voi che sta «protestando» e convincerla a «collaborare» di nuovo durante la corsa.

Spesso si dice che gli infortuni capitino quando si corre troppo e/o troppo veloce. Anche se questo può essere vero – è difficile stirarsi un polpaccio o un tendine senza correre –, è comunque un modo piuttosto semplicistico di considerare il problema. Lo stress che il vostro ginocchio è in grado di sopportare senza difficoltà quando fa caldo, vi trovate in vacanza e state correndo su un percorso pianeggiante potrebbe invece rivelarsi eccessivo nel caso in cui faccia freddo, stiate attraversando un periodo di superlavoro (magari restando seduti alla scrivania per molte ore al giorno) e stiate correndo al buio lungo una strada con un forte dislivello.

Non perdete mai di vista il contesto in cui correte, sia per evitare infortuni sia per capirne le cause nel caso dovesse insorgerne qualcuno.

110

Un modello medico

Può essere utile pensare agli infortuni come a quelle malattie determinate da fattori di rischio legati a particolari stili di vita: sebbene vi sia una componente genetica, la maggior parte di ciò che accade è sotto il nostro controllo. Chi voglia ridurre i rischi di infarto dovrà fare alcune scelte precise: assumere pochi grassi saturi, eliminare il fumo, praticare regolarmente attività fisica, mantenere il proprio peso sotto una certa soglia eccetera.

Allo stesso modo, si possono monitorare i fattori di rischio degli infortuni legati alla corsa alternando correttamente i carichi di lavoro in allenamento, correndo su superfici morbide quando è possibile, potenziando il tono muscolare e tendineo, cambiando le scarpe da corsa quando sono troppo vecchie e così via.

111

Attenzione alla vita moderna!

Per restare in argomento fattori di rischio, lo stile di vita moderno dovrebbe rientrare fra questi. Starsene ore in macchina o seduti davanti a un computer, tenere il collo piegato da un lato quando siete al telefono e, in generale, ridurre al mimino la vostra mobilità, sono tutte abitudini che possono rendervi particolarmente soggetti a infortuni, poiché indeboliscono e tengono contratti i muscoli principali e mandano in tilt il vostro corpo.

Un mio amico fisioterapista ha scoperto che un'improvvisa serie di infortuni capitati a una ragazzina adolescente era causata dal fatto che passava molto tempo a mandare messaggi con il telefonino! Lo stress eccessivo cui sottoponeva i suoi pollici aveva comportato una postura scorretta delle spalle, che a loro volta aveva determinato uno spostamento del bacino durante la corsa, rendendola particolarmente soggetta a strappi muscolari alle gambe.

Non sto dicendo che dovreste diventare tutti dei monaci che fuggono le insidie della vita moderna per pensare soltanto a correre. Tuttavia, sapere che il modo in cui trascorrete il vostro tempo incide sulla vostra corsa vi aiuterà a evitare dolori e fastidi nel lungo periodo.

Tutto ciò che sicuramente avrete sentito dire sulla corretta postura da assumere quando si sta seduti alla scrivania o al volante – tenere lo schermo del computer all'altezza degli occhi per non dover sollevare o inclinare troppo la testa, fare pause frequenti e altri consigli relativi all'ergonomia – diventa ancora più importante se siete dei runner.

Anch'io, ahimè, tendo ad assumere posture terribilmente scorrete, ma più cerco di sedere in modo corretto durante il giorno, alzandomi ogni ora per fare brevi pause, meglio mi sento alla fine della mia corsa dopo il lavoro.

112

Allenarsi nonostante gli infortuni

Con quali infortuni sarebbe meglio evitare di correre e con quali invece è possibile continuare ad allenarsi? La risposta più semplice è che non esiste una risposta semplice. Poiché la maggior parte degli infortuni, come ho detto, dipende da un'eccessiva sollecitazione di determinate parti del corpo, questi tendono ad aggravarsi con il tempo. All'inizio, di solito, si tratta di leggeri fastidi. E se uno decidesse, per non rischiare, di fermarsi finché il dolore scompare, finirebbe con il perdersi molta corsa. Inoltre, tanti di questi fastidi sono una sorta di rumore bianco che scompare dopo qualche minuto di corsa.

Il più delle volte, almeno nelle prime fasi del presunto infortunio, potrete continuare a correre, accettando tuttavia qualche piccolo compromesso sulla distanza che vorreste percorrere in quell'uscita, o sull'andatura che avevate in programma di tenere.

L'unica eccezione riguarda le piccole fratture da stress, di cui parlerò in modo approfondito più avanti. In questo caso non esistono accorgimenti o astuzie per ovviare al problema: si tratta di microfratture che hanno bisogno di guarire, e correrci sopra non farà che aggravarle. Continuare a correre potrebbe trasformarle in fratture vere e proprie, di quelle che su una radiografia si vedono facilmente.

Datemi retta: infortuni del genere sono impossibili da raggirare. Una volta ho corso con una frattura da stress quasi per due anni, e prima che raggiungessi l'ultima fase del lutto (l'accettazione) avevo la tibia quasi spezzata in due. Quando poi mi sono procurato un'altra frattura da stress ho smesso immediatamente di allenarmi, e quattro settimane dopo ero di nuovo in pista.

113

Quando correre e quando stare a riposo

Ipotizziamo che abbiate subito un infortunio legato alla corsa diverso da una frattura da stress. Che fare?

Se avvertite dolore non mentre correte ma subito dopo o il mattino seguente, continuate pure ad allenarvi al vostro solito ritmo senza ridurre il numero di chilometri. State tuttavia attenti alla frequenza con cui si presenta il dolore e alla sua intensità. E siate onesti con voi stessi: siete sicuri che non vi dia fastidio mentre correte?

Potete continuare ad allenarvi anche se mentre correte provate dolore ma questo non aumenta durante la corsa. Se non ne siete sicuri, non allontanatevi troppo da casa, in modo da essere vicini se le cose dovessero peggiorare. (Se il fastidio si manifesta soprattutto quando cominciate a correre, è probabile che sia il sintomo di una tensione muscolare che potreste risolvere con qualche esercizio di stretching.)

Se invece il dolore dovesse aumentare sensibilmente mentre correte, fino a diventare acuto o quasi, significa che siete davvero infortunati. Riducete la durata delle singole uscite – dovrete smettere di correre prima che la situazione cominci a peggiorare – e cominciate a elaborare un piano di recupero. Fareste meglio ad aggiungere qualche sessione di allenamento incrociato, così da evitare di sentirvi in colpa per il fatto di non correre abbastanza e farvi tentare dall'idea di fare i vostri soliti chilometri.

Dovreste smettere anche se vi accorgete che a causa del dolore il vostro assetto è cambiato. Se non lo fate, non solo ritarderete la guarigione di quello che a quanto pare è un brutto infortunio, ma rischiate anche di procurarvi altri guai a causa delle modifiche posturali adottate dal vostro corpo per compensare le alterazioni della vostra solita andatura.

Se il dolore dovesse farsi sentire non solo quando correte ma anche per il resto della giornata, allora significa che la situazione vi è sfuggita di mano. In questo caso dovreste smettere immediatamente, o fare qualche sessione di allenamento incrociato solo se, in tutta onestà, questo tipo di attività non provoca alcun sintomo.

114

Nel limbo degli infortuni

A meno che non siate runner motivatissimi, indifferenti al dolore o particolarmente testardi (a volte i confini tra queste tre caratteristiche non sono così netti), la maggior parte dei vostri infortuni, nel momento in cui li avvertite, dovrebbe ancora essere in quella fase iniziale in cui per decidere come comportarsi occorre affidarsi alla propria capacità di giudizio.

Come e quanto ridurre il carico di lavoro in questi casi dipende da numerosi fattori. Il prossimo mese dovete partecipare a una gara importante? Allora sarebbe meglio fermarsi per un paio di giorni per cercare di placare quello che intanto è diventato un dolore persistente. Se questa pausa dovesse risolvere quasi completamente il problema, allora potrete tornare ad allenarvi per la gara. Se invece non avete nessuna competizione in programma, e quindi non c'è nessuna particolare urgenza che vi obblighi a mantenere una determinata condizione, sarà più facile convincervi che è meglio fermarvi per permettere al problema di risolversi.

Se non avete in previsione gare importanti potrebbe venirvi la tentazione – a me è successo! – di prolungare questo limbo e correre con l'infortunio per un tempo maggiore di quello che servirebbe per risolverlo se smetteste di allenarvi. Quando mi capita di attraversare un periodo particolarmente stressante sono più propenso a correre il rischio di far peggiorare un piccolo stiramento, pur di continuare a godere del sollievo che la corsa mi regala. Sono perfettamente consapevole del rischio di prolungare i tempi di guarigione, ma ritengo che il gioco valga la candela.

Indipendentemente dal tipo di infortunio, confrontare continuamente i pro e i contro delle proprie scelte fa parte della vita di un runner. Per questo un infortunio è così logorante dal punto di vista psicologico, quindi è sempre meglio fare il possibile per non ritrovarsi in una situazione simile.

115

Il dottore è pronto a ricevervi

Ma in caso di infortuni legati alla corsa è probabile che non riesca a esservi granché d'aiuto. Molti dottori non sono specializzati in medicina dello sport, pertanto non riusciranno a capire perché vi siete infortunati, né saranno in grado di dirvi come risolvere il problema in tempi brevi e cosa fare per evitarlo in futuro. Ho diversi amici medici che corrono, e non avrebbero alcun problema a confermare ciò che ho appena detto.

Cercate dunque di farvi visitare da dottori che, se non proprio specializzati in medicina sportiva, abbiano almeno fatto dei corsi di aggiornamento in materia: sarà decisamente più probabile che adottino un approccio olistico per risolvere l'enigma che spesso si cela dietro a un infortunio. Inoltre, un medico di questo tipo riuscirà anche a capire la vostra voglia di tornare a correre al più presto, anziché dirvi: «Se sente male quando corre, non corra». Oppure: «Ovvio che le fa male, corre troppo!»

Il passaparola tra i runner della vostra zona è il modo migliore per trovare un dottore in grado di aiutarvi. Podologi e osteopati sono le figure professionali che meglio potrebbero soddisfare le esigenze di un corridore. Invece i chiropratici sanno che per ricercare le cause di un infortunio è necessario guardare a tutto il corpo nel suo complesso, ma non fidatevi se anziché assegnarvi un programma di recupero a lungo termine dovessero chiedervi di tornare da loro per visite frequenti.

116

Non esagerate con le pillole

Nel caso insorga un nuovo dolore legato alla vostra attività podistica, nei primi giorni prendete pure una pastiglia di ibuprofene o un qualsiasi altro antinfiammatorio per tenere sotto controllo la situazione. Se invece prendete delle pillole per continuare a correre senza cambiare programma di allenamento, è il momento di fermarvi un attimo e accettare l'idea che avete subito un infortunio e che dovete curarlo. Ho un amico che, nel tentativo di alleviare un dolore cronico al tendine di Achille, negli ultimi quindici anni ha sostenuto praticamente da solo il mercato dell'ibuprofene. E indovinate un po'? Il problema al tendine di Achille lo assilla ancora. Anzi, probabilmente è peggiorato. E chissà che cosa è successo ai suoi reni in tutti questi anni!

Non prendete antinfiammatori solo perché avvertite un po' di dolore dopo una corsa lunga o veloce. La sensazione di infiammazione che a volte avvertite dopo un allenamento particolarmente intenso fa parte del processo di adattamento del vostro corpo. Lasciate che il problema si risolva da sé, trarrete benefici di gran lunga maggiori.

117

Freddo buono, caldo cattivo

Pensate al ghiaccio come alla prima difesa contro ogni tipo di infortunio. Curate con il freddo ogni fastidio che non dovesse svanire da sé mentre correte: saranno sufficienti 5 minuti di impacchi con ghiaccio. Se invece il fastidio dovesse trasformarsi in qualcosa di simile a un vero e proprio dolore, applicate ghiaccio per 5 minuti subito dopo avere corso, altri 5 minuti quando sarà trascorsa un'ora e, se possibile, almeno un altro paio di volte durante la giornata.

Il ghiaccio allevierà lo stato infiammatorio «negativo» che accompagna l'insorgere di un infortunio (è qualcosa di diverso dall'infiammazione «positiva», la quale è successiva a un allenamento ad alta intensità nel quale avete avvertito dolori).

Non scaldate mai una zona dolorante dopo una corsa, finireste con l'irritare ulteriormente i tessuti già infiammati. Il caldo è ideale per le contratture, che sono qualcosa di diverso dalle infiammazioni e dalle irritazioni. In caso di contratture il calore, in particolare sotto forma di impacchi, favorisce la circolazione e rilassa i tessuti, migliorando la mobilità nell'area interessata. Un bagno caldo può rivelarsi utile, oltre che piacevole, dopo un allenamento impegnativo come una corsa lunga, ma aspettate sempre che lo stato infiammatorio immediatamente successivo alla corsa scompaia.

118

Massaggi (praticati da altri o da voi stessi)

Siamo tutti d'accordo che i massaggi sono estremamente piacevoli, ma servono davvero a prevenire gli infortuni legati alla corsa? Ovviamente, in questo caso non è possibile condurre esperimenti in doppio cieco, ma esistono moltissime prove che un buon massaggio miofasciale favorisca la circolazione e contribuisca a drenare i prodotti di scarto dalla zona del corpo infortunata.

A scopo preventivo gli atleti professionisti si sottopongono settimanalmente a un massaggio. Se potete permettervelo, cercate di includere regolari sessioni di manipolazione miofasciale nel vostro programma di prevenzione, e fate il possibile per aumentare la resistenza del vostro corpo agli infortuni.

Utilizzando oggetti come il bastone o il rullo di gommapiuma per massaggi, riuscirete a godere di alcuni benefici senza dovervi rivolgere ad altri. Certe zone, come i polpacci e i quadricipiti, tendono a contrarsi più di altre.

(Dopo quasi vent'anni non ho ancora capito come usare il bastone sulla zona lombare senza aumentare la tensione muscolare in altre parti del corpo.)

Siccome con questi strumenti è facile strafare, meglio prestare attenzione e non dedicare più di 5 minuti per ciascuna zona. Non applicate una pressione eccessiva (lasciate che siano i professionisti a procurarvi quella sensazione di «piacevole dolore»), e fermatevi immediatamente se mentre lavorate su una determinata area doveste cominciare ad avvertire fastidio in un'altra zona del corpo.

119

Pronto intervento domestico: la fascite plantare

Se avete il tallone o l'arco del piede indolenziti, coccolateli. Tenete un paio di pantofole vicino al letto, in modo da infilarvele appena vi alzate. Applicate più volte al giorno del ghiaccio sulla zona interessata. La cosa migliore sarebbe prendere una bottiglietta d'acqua ghiacciata e farla rotolare sulla parte dolente, in modo che oltre a darvi la sensazione di freddo che stavate cercando possa fare anche un piccolo massaggio. Prima di correre distendete i tessuti dell'arco plantare prendendo le dita e tirandole verso di voi, ripetendo più volte l'esercizio.

Una fascite plantare persistente indica che dovreste irrobustire polpaccio e tendine di Achille e aumentarne la flessibilità. Nel caso utilizziate scarpe da corsa con un differenziale elevato, potreste ottenere qualche miglioramento passando gradualmente a un altro tipo di calzature.

120

Pronto intervento domestico: infiammazione del tendine di Achille

Quando il tendine di Achille si infiamma, i vostri migliori amici a breve termine sono il ghiaccio e gli antinfiammatori. Questi ultimi sono particolarmente utili perché, considerato lo scarso afflusso sanguigno nei tendini, il ghiaccio da solo potrebbe non darvi abbastanza sollievo. Se soffrite di tendinite di Achille, inserite nelle scarpe che indossate normalmente quando non correte un rialzo per il tallone, in modo alleggerire la pressione cui è soggetto il tendine: andrà benissimo un pezzetto di cartone, che potrete poi piegare su se stesso un paio di volte quando comincerà ad assottigliarsi.

Per la tendinite di Achille vale lo stesso discorso della fascite plantare: di solito indica che dovreste migliorare la mobilità del tendine e dei talloni. Quando non vi allenate potreste lavorare in questa direzione evitando di indossare scarpe con il tacco; mentre correte, prestate attenzione a che il colletto delle scarpe non sfreghi contro il tendine di Achille.

121

Pronto intervento domestico: dolori alla tibia

Con «dolori alla tibia» mi riferisco a quella che in termini tecnici è nota come sindrome da sofferenza medio-tibiale, che suona decisamente più minaccioso. Nel lungo periodo il modo migliore per prevenire questo tipo di infortunio è continuare a correre: nella maggior parte dei casi, infatti, lo accusano i runner novelli, o chi ricomincia ad allenarsi dopo un lungo periodo di inattività. Se invece dovesse capitarvi di avvertire spesso dolore nella zona tibiale nonostante vi alleniate regolarmente, provate a irrobustire gli archi plantari camminando scalzi per casa, in modo che durante la corsa i muscoli tibiali non siano costretti ad assorbire l'impatto al posto loro.

In presenza di dolore medio-tibiale, se possibile correte su superfici morbide, evitate le discese e cercate di alleggerire l'impatto con il suolo. Cercate di continuare ad allenarvi, se necessario diminuendo tempi e/o numero di sessioni, così da mantenere una regolarità che vi aiuterà a superare l'infortunio.

122

Pronto intervento domestico: ginocchio del podista

Se avvertite dolore nella zona del ginocchio, evitate le situazioni che potrebbero sovraccaricare questa articolazione. Correte su superfici piane, tenetevi alla larga da sentieri e percorsi tortuosi ed evitate le discese. Se soffrite del cosiddetto ginocchio del podista, che i medici chiamano anche condromalacia della rotula, è un'ottima occasione per fare un po' di esercizio sul tapis roulant: impostatelo su una leggera pendenza, in modo da ridurre le sollecitazioni cui è sottoposto il ginocchio.

È stato dimostrato che fianchi e glutei non abbastanza robusti sono fattori chiave nell'insorgenza dei dolori al ginocchio, il quale cerca di sobbarcarsi anche parte del lavoro di stabilizzazione che in teoria spetterebbe ai muscoli della parte centrale del corpo. Ogni corridore dovrebbe dedicare un po' di tempo a potenziare i muscoli del bacino, soprattutto chi ha già sofferto una o più volte di dolori al ginocchio.

123

Pronto intervento domestico: sindrome della bandelletta ileotibiale

In questo caso per rilassare il tendine irritato è estremamente utile massaggiarsi con un rullo di gommapiuma o con il bastone da recupero. È bene anche evitare tutte quelle situazioni che potrebbero causare il dolore: correte su percorsi in piano, e se vi trovate su strade inclinate verso l'esterno cambiate spesso lato. Se mentre cercate di superare questo infortunio continuate ad allenarvi in pista, correte i tratti di recupero in direzione opposta, in modo da cambiare la gamba più sollecitata nelle curve (se avete la fortuna di trovare una pista non troppo affollata, cambiate direzione anche tra una ripetuta e l'altra).

Come per il ginocchio del podista, anche in questo caso è importante prevenire potenziando fianchi e glutei. Per irrobustire gli adduttori dell'anca, cioè i muscoli esterni del bacino che dovrebbero darvi stabilità quando toccate terra con il piede, potreste eseguire degli squat su una gamba sola.

124

Pronto intervento domestico: dolori ai muscoli posteriori della coscia o ai glutei

Contratture, indolenzimento e leggeri stiramenti ai muscoli posteriori della coscia e ai glutei diventano, prima o poi, l'incubo di tutti i podisti più ambiziosi, in particolare quelli che quando non si allenano hanno una vita molto sedentaria (ricordatevene, si tratta di un aspetto molto importante). Se siete soggetti a uno di questi problemi, evitate le salite ripide, non cominciate subito a spingere appena partite e scaldatevi bene prima di una sessione particolarmente intensa. Se la sensazione che avvertite nella fase acuta non è tanto di contrattura quanto di indolenzimento, evitate lo stretching: non fareste che irritare ulteriormente i tessuti dei muscoli interessati. E dopo ogni corsa applicate del ghiaccio.

Terminata la fase acuta, fate spesso esercizi di allungamento per i rotatori dell'anca e i muscoli ischiocrurali, ma senza arrivare a sentire nuovamente dolore. Lavorare sui muscoli posteriori della coscia con piegamenti delle gambe vi aiuterà a ristabilire il giusto equilibrio in termini di potenza tra quadricipiti e ischiocrurali. Inoltre, nel corso della giornata fate il possibile per mantenere una postura corretta quando siete seduti, e cercate di alzarvi almeno una volta ogni ora.

125

Pronto intervento domestico: le fratture da stress

Come ho già detto, non esistono accorgimenti per continuare ad allenarsi con una frattura da stress. Mi dispiace, ma dovrete smettere di correre finché l'osso sarà guarito.

Quando ricomincerete, aspettatevi di avvertire qualche leggero fastidio, ma non dolore, nel punto della frattura. Se la sensazione non sarà quella di una fitta bensì di un colpo sordo, allora significa che potrete riprendere gradualmente l'allenamento. In alcuni casi sul punto della frattura potrebbe crescere un callo: è il nuovo osso che si è formato. Io ne ho uno sulla tibia sinistra. Non è la cosa più bella del mondo, ma non fa male, e non è motivo di preoccupazione. Anzi, io lo prendo come un promemoria: mai correre con una frattura da stress.

Se questo tipo di infortuni vi è capitato più volte significa che state sollecitando troppo alcuni punti particolarmente deboli del vostro corpo. Prevenite le ricadute facendo esercizi di flessibilità e potenziamento, in modo da incrementare la vostra resistenza.

Infine, assicuratevi che la vostra alimentazione comprenda una quantità sufficiente di calcio.

126

Allenamento incrociato: primo avvertimento

Quando siete infortunati e decidete di passare all'allenamento incrociato, cercate di dedicargli più tempo di quello che riservate alle vostre normali corse: dopotutto, se mezz'ora per una corsa può andare benissimo, per gran parte dei ciclisti un'uscita di questa durata è poco più che un semplice riscaldamento. Per evitare di annoiarvi prendete le vostre uscite più intense – esercizi per l'incremento del VO2max, allenamenti di tempo run eccetera – e traducetele in sessioni in piscina, in bicicletta, all'ellittica o con qualsiasi altro attrezzo decidiate di usare. Organizzate il programma settimanale come se doveste correre: affinché il tempo nel limbo dell'infortunio passi più in fretta, meglio variare piuttosto che allenarsi ogni giorno a intensità media.

127

Fate qualcosa! Qualsiasi cosa!

Se doveste subire un infortunio, probabilmente passereste il vostro tempo a preoccuparvi di perdere la condizione e di ingrassare a ogni secondo che passa. Se il recupero dovesse durare piuttosto a lungo, quando riprenderete a correre sarà normale attraversare un periodo di assestamento, a prescindere dal lavoro svolto con l'allenamento incrociato. Quindi non peggiorate la situazione piangendovi addosso, crogiolandovi nell'apatia ed evitando di allenarvi. Se doveste prendere troppi chili mentre siete inattivi, tornare a correre sarà soltanto più difficile.

128

Allenamento incrociato: secondo avvertimento

Qual è il migliore allenamento incrociato da praticare in caso di infortunio? Innanzitutto, quello che non peggiora la vostra condizione. Esercitarsi all'ellittica con una frattura da stress al piede, per esempio, allungherà soltanto i tempi di recupero.

La cosa più importante non è trovare un'attività con una meccanica simile a quella della corsa, o che tenga alta la vostra frequenza cardiaca. È molto più semplice di così: qual è l'allenamento che riuscirete a svolgere con maggiore regolarità? Una sessione di acquarunning, soprattutto se particolarmente intensa, potrebbe sostituire egregiamente una vera corsa, ma se la piscina più vicina si trova a 50 chilometri da casa vostra e i corsi di acquarunning sono soltanto alle sette del mattino, allora lasciate perdere. Tra le attività sostitutive più adatte – acquarunning, bicicletta, ellittica, stair climber – scegliete quelle che sapete di poter svolgere ogni giorno.

129

È sempre il momento ideale per introdurre una buona abitudine

In caso di infortunio, considerate il periodo di recupero come un'occasione per migliorarvi in tutte quelle attività di contorno come stretching, esercizi di potenziamento per il tronco, yoga e, perché no, meditazione. Lavorare per rendere il vostro corpo più resistente agli infortuni vi farà sentire meglio, e quando riprenderete a correre dovrebbe risultare relativamente facile continuare a svolgere queste attività.

130

Assetto e infortuni

In generale si tende a dare troppa importanza all'assetto della corsa quando si parla di infortuni. Con questo non voglio assolutamente dire che non sia un aspetto importante, lo è eccome. Ma più che causa di infortuni, un assetto scorretto è più spesso il sintomo di qualche problema che potrebbe determinare un infortunio.

Detto questo, supponiamo che corriate tenendo i piedi puntati verso l'esterno (controllate le impronte che lasciate la prossima volta che vi capiterà di correre con le scarpe bagnate su un tratto asciutto). Questo difetto vi renderà sicuramente più lenti, e potrebbe causare altri problemi dovuti all'adattamento che il vostro corpo è costretto a fare per compensarlo. Tuttavia, correre con i piedi a papera è soltanto un effetto secondario dovuto a una debolezza o a una tensione muscolare in un'altra zona del corpo (probabilmente localizzata nei flessori dell'anca, i muscoli della parte anteriore della coscia).

Sono queste debolezze e tensioni a causare il difetto di postura, e con il tempo potrebbero spingere il corpo a compensare in altre zone, determinando l'insorgenza di infortuni, spesso in aree lontane da quella in cui è localizzato il problema originario.

Quindi pensare all'assetto di corsa in rapporto agli infortuni non significa farne u'ossessione e monitorare ogni singolo passo, bensì considerare eventuali sue alterazioni come sintomi di una debolezza o di una tensione muscolare su cui intervenire. Una volta che vi sarete occupati di questo, i difetti posturali scompariranno senza necessariamente prestarvi costante attenzione.

131

Come dev'essere un assetto corretto?

Non esiste una postura ideale nella corsa. Ciascuno di noi corre in modo diverso in base alle caratteristiche uniche del proprio corpo: rapporto tra lunghezza del tronco e delle gambe, forma dei piedi, allineamento delle ossa, comunicazione tra cervello e sistema nervoso centrale e un milione di altre cose.

Il vostro assetto di corsa dipende dunque da ragioni intrinseche e, almeno in una certa misura, non dovreste cercare di cambiarlo. Esiste tuttavia un intervallo di efficienza entro il quale l'assetto può variare. Per esempio, tenderà a essere al minimo quando avete i muscoli contratti o indolenziti. Quando eravate bambini, in particolare se eravate molto attivi, è probabile che si trovasse più vicino alla massima efficienza.

Potenziando e rendendo più agile il vostro corpo potreste dunque riuscire a correre abitualmente con l'assetto più efficiente che siete in grado di adottare. Questo dipenderà da una serie di fattori personali: per esempio, un appoggio in linea con il baricentro, un'andatura leggera e spedita, una torsione laterale ridotta al minimo e una postura rilassata (facile a vedersi ma difficile da quantificare).

132

Difetti posturali: spalle e collo contratti

Chi corre con i muscoli del collo e delle spalle contratti tende a farlo con le spalle curve e le braccia lontane dal corpo, e di solito dà l'impressione di avere il collo molto corto. Correre in questo modo impedisce alle braccia di muoversi avanti e indietro, cosa che incide sulla frequenza dei passi e comporta uno spreco di energie, poiché costringe a tenere gli arti superiori in modo innaturale.

Ancora una volta, questo difetto dipende dalle abitudini della vita moderna. Trascorrere ore alla scrivania davanti al computer significa tenere le spalle contratte e incurvate, una postura che normalmente si ripresenta durante la corsa. Assumere posizioni ergonomicamente corrette vi aiuterà a liberarvi da questa tensione cronica, e prestando un minimo di attenzione mentre correte riuscirete a rilassare collo e spalle, finché questo diventerà naturale. Concentratevi anche sui polsi, che dovrete tenere vicini alla vita.

133

Difetti posturali: testa in avanti

Dovete tenere la testa esattamente sopra al corpo, non in avanti come se cercaste di vedere qualcosa. Quando correte con la testa in avanti i muscoli della zona cervicale e toracica si contraggono per permettervi di mantenerla in quella posizione, determinando uno spreco di energie che vi impedisce di correre con l'agilità e l'efficienza necessarie.

Questo difetto è un altro prodotto della modernità, dovuto all'abitudine che abbiamo di portare in avanti la testa quando dobbiamo guardare uno schermo o qualcosa di troppo lontano (o che magari sarebbe alla giusta distanza, se avessimo il coraggio di ammettere che la nostra vista non è più quella di una volta). Anche in questo caso, organizzate la postazione di lavoro secondo i principi dell'ergonomia. Prima di correre, coricatevi in posizione supina e toccate il petto con il mento per dieci volte, così da reimpostare la posizione della testa. Mentre correte, fate attenzione che rimanga sempre sopra le spalle, quasi fluttuando senza peso sul corpo.

134

Difetti posturali: eccessiva inclinazione in avanti

Correndo con il busto inclinato in avanti i muscoli della zona lombare e i quadricipiti fanno un lavoro supplementare per impedire al corpo di cadere. Pertanto la corsa diventa meno efficiente, la fatica aumenta e i muscoli delle gambe potrebbero infiammarsi senza motivo.

Il colpevole di tutto questo è l'abitudine a rimanere seduti troppo a lungo durante la giornata, cosa che a poco a poco riduce la naturale curvatura lombare (date un'occhiata a qualche foto scattata durante una gara, noterete che quasi quelli che tendono a correre con il busto eccessivamente in avanti sono i più anziani). Oltre a cercare di mantenere una posizione che non danneggi la curvatura lombare quando siete seduti, potete correggere questo difetto potenziando glutei e muscoli adduttori.

135

Difetti posturali: eccessiva torsione laterale

Quando il tronco non è stabile, braccia e gambe cominciano a muoversi in modo disordinato anziché lungo una retta ideale. Ogni singolo passo comporta un dispendio energetico per riportare braccia e gambe in linea con il corpo, invece che per muoverle in avanti. Di solito questo difetto è causato da debolezza muscolare nei glutei e negli adduttori. Potenziate questi muscoli stabilizzatori fondamentali e riuscirete a indirizzare i vostri movimenti in avanti anziché di lato. In altre parole, correrete più veloci consumando la stessa quantità di energia.

136

Difetti posturali: correre con i piedi puntati verso l'esterno

In una certa misura, la posizione dei piedi quando toccano terra o nella fase di spinta dipende da fattori genetici. Se le ossa delle vostre gambe non sono allineate alla perfezione, probabilmente tendete a rivolgere le punte dei piedi verso l'esterno. Ma anche in questo caso esistono aspetti su cui è possibile lavorare. Debolezza nei glutei e/o tensione nei flessori dell'anca (due condizioni che vanno spesso di pari passo) compromettono l'appoggio del piede. I piedi a papera sono un ottimo esempio di un problema che riuscirete a migliorare nel lungo periodo lavorando sull'assetto, non tanto cercando di risolverlo consapevolmente mentre correte (quando sono stanco il mio piede destro comincia a puntare verso l'esterno, e posso assicurarvi che cercare di costringerlo a toccare terra nella posizione ideale non funziona).

137

Attività integrative essenziali

Pensate alle attività di cui sto per parlarvi – esercizi di flessibilità e potenziamento – non come a qualcosa che sostituisce la corsa, ma che la integra, come una sorta di polizza assicurativa che vi consentirà di correre meglio e con maggiore soddisfazione a qualsiasi livello. Anche se non dovessero migliorare il vostro rendimento (cosa che comunque faranno), se eseguiti correttamente questi esercizi renderanno più semplice e fluida la vostra corsa, soprattutto quella di chi pratica questo sport da anni. Trovare del tempo durante la giornata in cui eseguirli non dovrebbe essere complicato.

138

Perché fare stretching

Per poter correre con agilità e fluidità il vostro corpo deve avere una buona mobilità articolare. Altrimenti non solo vi ritroverete a correre più lenti, ma i meccanismi di compensazione adottati dal corpo determineranno tutta una serie di movimenti sbagliati che comprometteranno ulteriormente la vostra corsa e finiranno, di solito, per provocarvi qualche infortunio. Quasi tutti i runner hanno bisogno di svolgere del lavoro aggiuntivo per ottenere il grado di flessibilità desiderato, e quasi sempre questo significa eseguire regolarmente esercizi di stretching.

139

Come fare stretching

Che tipo di stretching? Statico? Balistico? Dinamico?

Secondo alcune ricerche, osservando quello che fanno normalmente gli atleti professionisti e basandomi sulla mia pluriennale esperienza, sono convinto che per chi pratica la corsa lo stretching migliore sia quello noto come stretching attivo isolato. Questa tecnica si fonda sul presupposto che i gruppi muscolari lavorano in coppie di opposti (quadricipiti e ischiocrurali, bicipiti e tricipiti eccetera).

Secondo questo metodo, per allungare efficacemente un muscolo occorre contrarre il suo opposto. Per distendere gli ischiocrurali bisogna pertanto contrarre i quadricipiti mentre si solleva la gamba da terra. In questo modo gli ischiocrurali si rilassano e possono allungarsi gradualmente, cosa che non accadrebbe se, per ottenere lo stesso risultato, fossero costretti a eseguire un movimento specifico che li indurrebbe invece a contrarsi per evitare un allungamento eccessivo.

Lo stretching attivo isolato combina elementi dello stretching statico e di quello dinamico. Le singole posizioni vanno mantenute soltanto per qualche secondo, con una breve pausa quando si raggiunge il completo allungamento del muscolo e ripetendo l'esercizio una decina di volte. La maggior parte delle posizioni prevede l'utilizzo di una corda per favorire ulteriormente l'allungamento muscolare.

A divulgare questo metodo tra i runner sono stati Jim e Phil Wharton, padre e figlio. Come alcuni tra i migliori fondisti degli ultimi quindici anni, anch'io vi consiglio caldamente di dare un'occhiata ai loro libri e ai loro video.

140

Altri esercizi di flessibilità

Lo stretching attivo isolato non è l'unica tipologia di stretching esistente, anche se forse è quella che più di ogni altra vi consentirà di migliorare la mobilità articolare. Il buon vecchio stretching statico sarà comunque meglio di niente.

Diversi studi hanno dimostrato che i corridori dovrebbero eseguirlo soltanto dopo la corsa: mantenere le posizioni per i 30 secondi previsti da questo metodo prima di cominciare a correre determinerebbe un calo nella potenza muscolare, il che non è sicuramente auspicabile, se dovete fare un allenamento ad alta intensità.

A parte lo stretching attivo isolato, prima di una corsa l'ideale sarebbe eseguire alcuni esercizi di stretching dinamico, per preparare il corpo ai movimenti che dovrà compiere. Dondolare le gambe in avanti e di lato e camminare sollevando le ginocchia vi aiuterà a cominciare il vostro allenamento con una maggiore capacità di movimento.

L'importante è eseguire ciascuno di questi esercizi per gradi, in modo da evitare che i muscoli reagiscano a questo stimolo improvviso contraendosi.

141

E lo yoga?

Poiché le posizioni dello yoga vanno mantenute per un tempo prolungato, questa attività non è l'ideale prima di una corsa (ricordate il rapporto tra stretching statico e calo della potenza muscolare che abbiamo affrontato nel paragrafo precedente). A ogni modo, non è mia intenzione scoraggiarne la pratica, che può migliorare flessibilità, equilibrio e propriocezione, ovvero la capacità di percepire la posizione del proprio corpo nello spazio.

Probabilmente i runner trarranno i benefici maggiori dalle posizioni che rafforzano l'equilibrio – per esempio quella dell'albero –, le quali contribuiscono a potenziare i muscoli stabilizzatori dell'anca e i glutei, che hanno tanta importanza nell'economia della corsa.

Un accorgimento fondamentale: non dimenticate mai che siete prima di tutto dei corridori. Poiché durante una sessione di yoga ci saranno sicuramente persone più flessibili di voi, non costringete il vostro corpo ad assumere posizioni che non è in grado di reggere solo per dimostrare agli altri che siete in forma. Non forzate mai, a prescindere da quello che potrebbero fare i vostri compagni di corso o che potreste vedere nei video che usate per esercitarvi.

142

Quando fare stretching: prima parte

La regola d'oro prevede una serie di esercizi prima e dopo ogni corsa. Vediamo come farli.

Prima di correre dedicate qualche minuto ai muscoli della parte inferiore del corpo (polpacci, ischiocrurali, glutei, zona lombare), cioè quelli che in genere sono più contratti a causa delle nostre abitudini di vita. Scegliete esercizi di stretching attivo isolato o dinamico. Se prima dell'allenamento siete stati seduti a lungo, assumete la posizione detta del gatto e della mucca: posate mani e ginocchia a terra e, con il mento appoggiato al petto, inarcate la schiena verso l'alto (gatto) e puntate il bacino verso il soffitto, dopodiché sollevate la testa guardando in su e contemporaneamente inarcate la schiena verso terra (mucca). Questo esercizio allenterà la tensione dei tessuti muscolo-tendinei del bacino e farà in modo che la vostra corsa sia più fluida fin dall'inizio.

Alla fine dell'allenamento dedicate ancora qualche minuto a tutte quelle zone che vi sembrano contratte, o che vi pare abbiano in qualche modo risentito della corsa: di solito sono le anche, i glutei e gli ischiocrurali. Questo è anche il momento giusto per lo stretching statico. Se usate la macchina per raggiungere il luogo in cui vi allenate, quando scendete fate l'esercizio del gatto e della mucca per sciogliere il bacino.

143

Quando fare stretching: seconda parte

Lo stretching è utile prima e dopo una singola corsa, ma il suo scopo non è tanto migliorare la flessibilità quanto mantenerla. Per ottenere questo risultato dovrete programmare sessioni più lunghe, da 15-20 minuti almeno, due-tre volte alla settimana.

L'ideale sarebbe farle nelle due ore prima di una corsa. Se per qualche motivo non doveste riuscirci, trovate alcuni momenti della settimana in cui dedicarvi a questa indispensabile «polizza assicurativa». Se non correte ogni giorno, potreste programmare le sessioni di stretching nei giorni in cui non vi allenate.

Un altro momento che potrebbe risultare comodo è il pomeriggio nei week-end, soprattutto se il mattino vi siete allenati con una corsa lunga.

Durante la settimana, invece, potrebbe essere il mattino presto o l'ora di pranzo, quando è più probabile che gli altri vi lascino in pace e abbiate il tempo per fare qualcosa di buono per voi stessi.

Infine, una breve sessione prima di andare a dormire, quando non avete più nulla di cui occuparvi, sarebbe un ottimo modo per concludere la giornata.

Ma ricordate: potete anche inserire un esercizio di stretching in qualunque altro momento. Mentre siete seduti alla scrivania potreste disegnare dei cerchi con i piedi (esercizio descritto più avanti); quando vi prendete una pausa dal lavoro, invece di restarvene lì ad ascoltare qualcuno blaterare di quello che ha visto in televisione la sera prima potreste sciogliere collo e spalle (anche questo esercizio è presentato di seguito). Rubando tutti questi momenti alla vostra giornata riuscirete a mantenervi abbastanza sciolti da non dover programmare lunghe e impegnative sessioni di stretching in più giorni della settimana.

144

Quali muscoli allungare

Quasi tutti i runner capiscono istintivamente su quali muscoli coinvolti nella corsa lavorare, di solito polpacci, ischiocrurali, quadricipiti, glutei e muscoli dell'anca. Se avete i polpacci contratti, cominciate con quelli; quando li avrete sciolti, potrete occuparvi meglio degli ischiocrurali.

145

Mobilità del piede e della caviglia

Lavorare per sviluppare una buona mobilità articolare dei piedi e delle caviglie dovrebbe essere cosa ovvia, ma molti corridori ignorano queste due aree. Una mobilità ridotta di queste giunture può determinare effetti negativi che si ripercuoterebbero a cascata sul vostro assetto, rendendovi più lenti.

Le leve che spingono la falcata devono essere robuste e agili, quindi lavorateci regolarmente. Muovere i piedi in su e in giù come per premere sull'acceleratore e ruotarli più volte prima in senso orario e poi antiorario sono due ottimi esercizi. Per questo tipo di stretching è facile trovare un momento più volte al giorno, anche al di fuori delle abituali sessioni di allenamento. Mentre siede seduti a leggere o a guardare la televisione, potreste invece afferrare le dita dei piedi e tirarle avanti e indietro.

146

Mobilità della parte superiore del corpo

Molti difetti dell'assetto di cui abbiamo parlato derivano da una tensione localizzata nella parte superiore del corpo. Lavorando per mantenere flessibile questa zona potrete correre sfruttando al massimo la vostra mobilità articolare.

Le spalle sono l'elemento più importante: sono come anche delle braccia, e come tali dovranno potersi muovere agevolmente in tutte le direzioni. Fate esercizi differenti per i diversi muscoli delle spalle, come i rotatori interni ed esterni.

Lavorate anche sul collo, per riuscire a mantenere la testa sopra il corpo durante la corsa in maniera rilassata, senza tendere i muscoli.

Nelle pubblicazioni e nei video di Jim e Phil Wharton troverete una serie di ottimi esercizi per i muscoli del collo e delle spalle. Come quelli per piedi e caviglie, anche questi possono essere svolti facilmente più volte al giorno, e sono eccezionali per far ripartire il vostro corpo quando siete stati troppo seduti davanti a schermo e tastiera.

147

Runner più forti

Tutti dovremmo fare esercizi di potenziamento, e tutti dovremmo praticare una qualsiasi attività cardiovascolare. Di seguito presenterò alcuni esercizi di questo tipo che, più di altri, vi aiuteranno a sviluppare resistenza agli infortuni.

Si tratta di attività mirate, spesso diverse da quelle che fareste se il vostro obiettivo fosse fare più distensioni sulla panca o bella figura in spiaggia.

Dedicate il poco tempo che avete a quei muscoli che sono più soggetti a indebolirsi o a contrarsi a causa dei movimenti ripetitivi della corsa e dei danni provocati dallo stile di vita moderno.

148

Potenziamento delle gambe

Per potenziare le gambe le aree più importanti su cui lavorare sono quelle degli estensori del ginocchio, gli adduttori, gli abduttori, i flessori e gli estensori dell'anca, i glutei, i tricipiti sureali e i gemelli del polpaccio.

La ricetta, in questo caso, prevede tre serie da dieci ripetute con pesi leggeri. Fate attenzione a isolare il muscolo interessato: non dovrete sollevare un peso eccessivo, perché richiamerebbe in attività anche i muscoli di supporto facendo loro svolgere parte del lavoro.

Ricordate: lo scopo è irrobustire muscoli ben precisi e spesso minori, non potenziare tono e massa muscolare in generale.

Per esempio, per lavorare sugli estensori del ginocchio (sono quei muscoli localizzati sulla parte anteriore della coscia che dal ginocchio arrivano fino al bacino), io mi metto seduto, e con un peso di 3,5 chilogrammi alla caviglia sollevo la parte inferiore della gamba contraendo gli estensori; lo sforzo percepito è appena superiore a quello che avvertirei facendo l'esercizio senza peso.

Naturalmente, potrei eseguire questo esercizio anche con un peso tre volte superiore, ma in questo modo per sollevare la gamba chiamerei in causa anche i muscoli dell'anca e altri della coscia, sui quali invece non mi interessa lavorare.

Cercate di inserire due o tre sessioni alla settimana per il potenziamento delle gambe; l'ideale sarebbe in quei giorni in cui gli allenamenti di corsa sono meno intensi.

149

Potenziamento della parte superiore del corpo

I muscoli più importanti della parte superiore del corpo sono quasi tutti sulla schiena, e purtroppo non se ne può fare bella mostra in spiaggia. Quelli su cui lavorare maggiormente sono i deltoidi, i pettorali maggiori, i tricipiti, i rotatori esterni e interni della spalla, i trapezi e i romboidi. Sono i muscoli che vi permettono di mantenere una postura eretta e rilassata quando correte, nonché di avere una falcata fluida e agile.

Per serie, ripetute e pesi valgono i numeri forniti per gli esercizi di potenziamento delle gambe. Stesso discorso anche per quelli che potrebbero sembrarvi pesi troppo leggeri: devono essere tali da non interferire con la qualità dei vostri allenamenti di corsa, perciò eseguite questo esercizio ogni volta che trovate un po' di tempo.

150

Potenziamento della zona toracolombare

Per allenare molti dei muscoli di questa zona basteranno gli esercizi di potenziamento delle gambe sopra descritti. Lavorando sui muscoli del bacino e sui glutei come spiegato, aumenterete la stabilità nella zona pelvica e ridurrete gli effetti dell'impatto con il suolo su altre parti del corpo.

Circa il modo migliore di procedere con i muscoli di questa zona esistono milioni di teorie. In quanto runner impegnati che vogliono sfruttare al meglio il poco tempo disponibile facendo esercizi utili in relazione allo sport che praticano, potrete prendere l'abitudine di eseguire una serie di plank – proni, supini e su ciascuno dei due fianchi – dopo ogni corsa. Un buon obiettivo sarebbe riuscire a mantenere la posizione di ciascuno dai 30 ai 60 secondi. Se li farete quasi tutti giorni, con il tempo vi ritroverete più in forma di quelli che seguono routine di allenamento troppo ambiziose e complicate che prima o poi, spesso prima, finiscono con l'abbandonare.

Se desiderate un programma di allenamento più elaborato per irrobustire i muscoli di questa zona, gli allenatori Greg McMillan e Jay Johnson hanno entrambi prodotto eccellenti DVD in cui mostrano gli esercizi più utili per i podisti.

151

Esercizi di potenziamento generale

Sempre più atleti professionisti eseguono regolarmente quelli che chiamano esercizi di potenziamento generale, cioè tutta una serie di attività a cavallo tra un allenamento di football americano e una sessione di pilates: sollevamenti delle gambe, squat su una gamba sola, flessioni con battito delle mani, affondi eccetera. La teoria è che la vita moderna impedisce ai bambini di raggiungere la condizione fisica che la vita in campagna e i giochi non organizzati consentivano fino a una cinquantina di anni fa. Senza quel tipo di attività, continua la teoria, quando cominciamo a correre siamo più soggetti a infortuni, perché la corsa prevede movimenti orientati in una medesima direzione. Gli esercizi di potenziamento generale dovrebbero dunque permetterci di sviluppare quella condizione che un tempo era la norma.

Probabilmente non vi stupirà sapere che condivido questa teoria, soprattutto per i corridori adulti che, a parte i momenti in cui si allenano, hanno una vita sedentaria. Per molti di voi si tratterà di una questione di tempo: riuscirete a correre, fare stretching, potenziare i muscoli coinvolti nella corsa e trovare altri momenti per gli esercizi di potenziamento generale?

Se la risposta è sì, il vostro maestro è ancora una volta Jay Johnson, e in questo caso le risorse a vostra disposizione sono gratuite: all'indirizzo http://bit.ly/2jglxDW troverete cinque video in cui Johnson illustra una serie progressiva di routine per il potenziamento generale.

152

Scarpe da corsa e infortuni

Per anni le aziende produttrici di articoli sportivi hanno venduto le loro scarpe da corsa presentandole come una sorta di protesi: indossate questi dispositivi protettivi o rischierete di infortunarvi gravemente.

Per fortuna oggi questa mentalità sta cambiando, e sia i produttori sia i runner sono sempre più consapevoli che lo scopo di un paio di calzature da corsa è consentire a piedi e caviglie di svolgere il loro lavoro interferendo il meno possibile. A differenza di quanto accadeva anche solo cinque anni fa, oggi è molto più probabile sentir parlare di come un modello di scarpe valorizzi le meccaniche naturali del corpo, piuttosto che delle sue qualità «protettive».

Era ora che le cose cambiassero. Del resto, come potevamo credere che una delle attività più naturali dell'uomo potesse essere svolta senza rischi solo indossando un oggetto di plastica e schiuma prodotto in serie in una fabbrica in Asia? Anzi molti runner, me compreso, hanno sempre pensato che buona parte delle scarpe da corsa prodotte in epoca moderna fossero una potenziale causa di infortuni.

153

Un approccio minimalista: meno è meglio?

In generale, correre qualche sessione con scarpe leggere e flessibili è una buona idea.

Quello che negli ultimi anni è stato definito approccio minimalista, in realtà è qualcosa che la maggior parte dei podisti faceva normalmente prima che l'industria delle scarpe da corsa cominciasse a produrre calzature infarcite di tecnologia, aumentando radicalmente lo spessore dell'intersuola sotto al tallone e di conseguenza anche il differenziale tra tallone e avampiede.

Prima che le scarpe cominciassero ad assomigliare a dei doposci, quasi tutti i runner si allenavano con calzature che fasciavano il piede e avevano una suola molto bassa.

Considerato che gli allenamenti più intensi si facevano su pista, perlopiù si correva con scarpe abbastanza minimaliste. I vantaggi? Piedi e anche più robusti e flessibili, una maggiore stabilità – ci si sentiva più vicini al suolo e non sospesi per aria – e un'andatura più agile e fluida. Inoltre, poiché si poteva sentire meglio il terreno, correre era anche più divertente.

154

Minimalismo moderno

Oggi bisogna stare attenti a non comprare scarpe che sembrino cuscini. Non sono l'unico tra i podisti di lunga data a utilizzare spesso modelli etichettati come «da gara», perché ormai le scarpe vendute come tali sono piuttosto simili a quelle che una ventina d'anni fa erano commercializzate come calzature da allenamento leggero.

Se avete sempre usato scarpe da corsa moderne molto strutturate, provatene di più minimal. Compratene un paio da allenamento leggero e cominciate ad alternarle a quelle che usate di solito. Utilizzate invece scarpe da gara per gli allunghi e per le sessioni più intense.

All'inizio, mentre reimparano a fare quello per cui sono stati creati, polpacci e tendini di Achille potrebbero sembrarvi particolarmente contratti. Ma com'è già successo alla maggior parte dei corridori che hanno deciso di seguire questa strada, con il tempo non vorrete più tornare alle vecchie scarpe ammortizzate, che troppo spesso si rivelano un ostacolo anziché «annullarsi» e permettervi semplicemente di correre.

155

A piedi nudi nel parco

Se le scarpe minimaliste vanno bene, perché non correre direttamente senza? Ad ascoltare i media, sembrerebbe che correre scalzi sia una pratica controversa nata più o meno nell'estate del 2009, e che i produttori di scarpe vorrebbero tenere nascosta ai runner. Quel che è certo è che, almeno negli Stati Uniti, i sostenitori della corsa a piedi nudi hanno preso un'idea valida e l'hanno portata alle sue estreme conseguenze.

Correre a piedi scalzi rientra da decenni nei programmi di allenamento di molti podisti, anche di quegli atleti sponsorizzati da aziende di scarpe da corsa. Sono anni che gli allenatori consigliano di fare allunghi a piedi nudi sull'erba per potenziare piedi e caviglie e migliorarne la flessibilità. Infatti è possibile, oltre che divertente, arrivare rapidamente e in tutta sicurezza a correre per 30 minuti a piedi scalzi su superfici morbide.

(Alle superiori ho corso una mezza maratona senza scarpe sull'erba girando attorno alla scuola, e ancora oggi, dopo trent'anni di esperienza, rimane una delle mie corse in solitaria più divertenti.)

Almeno durante i mesi più caldi, per molti di voi potrebbe essere ragionevole inserire nel vostro programma di allenamento settimanale un paio di sessioni a piedi scalzi.

Come in quasi ogni altro aspetto della corsa, anche in questo caso è bene evitare ogni forma di fanatismo. Nello specifico, significa non esagerare e non accorciare troppo i tempi, soprattutto se avete sempre utilizzato scarpe molto strutturate, e scegliere con criterio il tipo di superficie su cui correre: se cominciate a correre scalzi per strada, i rischi di tagliarsi con qualche oggetto appuntito o di farsi male sull'asfalto supereranno i vantaggi di sviluppare una maggiore mobilità del piede.

Al contrario, correre al coperto scalzi o con un paio di calze quando ne avete la possibilità è un modo eccellente per godere di alcuni dei benefici che questa pratica può offrire.

156

Cambiate scarpe!

È l'esperienza a dirci quando è il momento di cambiare le scarpe. L'opinione diffusa è che vadano sostituite ogni 500-800 chilometri, ma questa è determinata più dal marketing delle aziende che da una reale necessità. Già trent'anni fa si diceva di cambiarle ogni 800 chilometri. Da allora, ogni anno i produttori ci hanno sempre raccontato che i nuovi modelli sono migliori di quelli precedenti, i più straordinari che abbiano mai creato. E nonostante questo, le scarpe di oggi non riescono a durare più di quelle che usavamo negli anni Ottanta.

Se utilizzate calzature poco ammortizzate, siccome c'è meno intersuola da consumare avrete meno ragioni di cambiarle dopo averci corso un certo numero di chilometri.

Se correre con un paio di scarpe dovesse procurarvi fastidio per alcune sessioni consecutive, potrebbe essere arrivato il momento di cambiarle. Inoltre, se sono così consumate da alterare il vostro assetto, è chiaro che dovrete buttarle. Questo capita, per esempio, quando sotto al tallone la suola è consumata soprattutto da una parte: se appoggiandole su un tavolo le scarpe oscillano leggermente al minimo tocco, probabilmente è ora di comprarne un altro paio.

157

Le solette ortopediche non fanno miracoli

Come le stampelle, le solette ortopediche non sono una soluzione permanente per un infortunio. Se utilizzate plantari da molto tempo, ponetevi le seguenti domande: Soffro ancora del problema per cui ho cominciato a usarli? Mi sono impegnato per irrobustire i muscoli e migliorare la flessibilità perché il problema non si ripresenti?

Se decidete di liberarvi delle solette ortopediche, fatelo per gradi. Cominciate a non utilizzarle più quando non correte. In seguito, quando vi sentirete più sicuri, fate prima una breve corsa alla settimana senza usarle, poi due, e continuate finché vi sentirete completamente a vostro agio.

158
Infortuni: un'ultima considerazione

Fatevi un favore: tenete d'occhio il vostro peso. Quando correte, ogni volta che appoggiate il piede l'impatto con il suolo è pari a due o quattro volte il vostro peso corporeo, quindi i chili di troppo affaticheranno eccessivamente legamenti, giunture e ossa.

PARTE QUARTA

Correre con regolarità: 43 consigli per correre più spesso per tutta la vita

È PIUTTOSTO frequente andare a letto pensando: Accidenti, oggi avrei dovuto correre!

Non accade invece spesso di dirsi: Oggi non avrei dovuto correre.

La regolarità è il Santo Graal di ogni runner. Qualsiasi bravo allenatore vi dirà che per avere successo nella corsa essere costanti è fondamentale, altrimenti non riuscirete mai a esprimervi al massimo delle vostre possibilità. Nemmeno in una vita intera. Potrete anche avere performance particolarmente felici, ma finché non imparerete a essere costanti e a sviluppare quel tipo di corsa che si raggiunge gradualmente giorno dopo giorno, settimana dopo settimana, mese dopo mese e anno dopo anno, non riuscirete ad arrivare lontano.

Dopotutto, la corsa è diversa dal golf, dove ci si può fermare per due mesi e ritornare quasi subito, quando si ricomincia, al livello in cui ci si trovava prima dello stacco. Il rapporto con la corsa assomiglia molto di più a quello che il pianista Vladimir Horowitz ha detto di avere con la musica: «Se per un giorno non mi esercito, lo so solo io. Se non lo faccio per due giorni, lo sa anche mia moglie. Se non lo faccio per tre, se ne accorge tutto il mondo».

Non preoccupatevi. Non sto dicendo che se non vi allenate tutti i giorni, in qualsiasi condizione vi troviate, fareste meglio a smettere. Voglio dire che, esattamente come in una singola corsa, anche nel lungo periodo è necessario trovare un ritmo. Correre cinque giorni alla settimana per due mesi è meglio che uscire tutti i giorni per un mese e poi, il mese seguente, allenarsi soltanto due giorni alla settimana. Correre regolarmente tutto l'anno, e a un livello per voi sostenibile, è meglio che ammazzarsi di allenamenti tutto l'autunno per poi smettere durante l'inverno. E farlo con costanza, progredendo lentamente anno dopo anno, è meglio che fare i fanatici per due anni e poi appendere le scarpe al chiodo.

I consigli di questa parte del libro vi aiuteranno a correre con regolarità, a partire da quella che spesso è la sfida più impegnativa: uscire di casa oggi e di nuovo domani. Ci occuperemo anche di altri fattori che potrebbero rendere difficile restare – scusate il gioco di parole – costantemente costanti: mancanza di motivazione, condizioni atmosferiche, età che avanza e impegni di viaggio.

159

Il nemico numero uno dei corridori: l'inerzia

Mark Twain diceva che il segreto per diventare uno scrittore di successo era tenere il fondoschiena a contatto con una sedia. Ne consegue che per avere successo nella corsa dovrete fare in modo che la suola delle vostre scarpe calpesti il terreno fuori dalla porta di casa. Niente di più semplice.

Ma semplice non significa facile. L'inerzia è una delle forze più potenti dell'universo, almeno per quanto riguarda il principio secondo cui un corpo in quiete tende a restare in tale stato: spesso mi è capitato di pensare che sir Isaac Newton avrebbe dovuto provare a correre per una trentina di chilometri prima di stabilire che un corpo in movimento continuerà a muoversi finché non interverrà una forza esterna a modificarne il moto.

Il desiderio di uscire a correre, di fare qualcosa di così radicalmente diverso dal modo in cui la maggior parte di noi è abituata a trascorrere le proprie giornate, è estremamente affascinante in termini astratti, ma può essere difficile da soddisfare quando si è stanchi, fuori è buio e freddo o ci sono decine di persone che, proprio in quel momento, vogliono assolutamente che dedichiate loro un po' del vostro tempo. In circostanze simili è facile giustificarsi e non compiere il semplice gesto di indossare le scarpe da corsa e uscire.

Il modo migliore per contrastare l'inerzia, sia nel breve sia nel lungo periodo, è riconoscerne la forza per poi andare avanti. Provate a immaginare che cosa potreste pensare alla sera quando, prima di andare a dormire, passerete in rassegna ciò che avete fatto durante la giornata. Sarete contenti di essere usciti a correre? Sicuramente. Allora sconfiggete l'inerzia è fate in modo che questo accada.

160

Trovare il tempo

Grazie alla mia professione, al mio aspetto e al fatto che spesso mi vedono correre per strada non troppo vestito, le persone sanno che sono un runner. Tra quelli che non praticano questa attività, alcuni mi ritengono, sbagliando, una sorta di apostolo della corsa, e per impedirmi di evangelizzarli di solito mi dicono qualcosa del tipo: «Mi piacerebbe correre, ma non ho tempo». Poi probabilmente se ne tornano a casa e si piazzano davanti alla TV per quattro ore di fila o si attaccano a Facebook per vedere le notifiche dei loro amici.

Dal momento che state leggendo questo libro, immagino che non siate i tipi che ricorrono a questa scusa. E sicuramente conoscete, per esperienza diretta, un'altra di quelle ovvietà che mi piace dispensare come allenatore: troviamo sempre il tempo per le cose che riteniamo importanti. Punto.

161

Non «se», ma «quando»

Se per voi correre è importante (e dovrebbe esserlo), allora non dovreste chiedervi se riuscirete a trovare il tempo per farlo, ma quando. Non dovreste pensare: Oggi vado a correre? Bensì: Quando vado a correre oggi? Anche perché, ammettiamolo, che oggi corriate o meno non interessa quasi a nessun altro, se non a voi. Il capo, il cane, il traffico, le commissioni, i figli, gli amici, un po' di sonno in più eccetera: la lista degli impegni che reclamano un pezzo del vostro tempo potrebbe continuare all'infinito, e aspettare che magicamente si liberi un momento nella vostra giornata in cui andare a correre significa arrendersi a tutte queste cose.

Ricordate: a nessuno interesserà se andrete a letto rimproverandovi per avere perso un giorno di corsa. Con questo non intendo dire che gli altri sono cattivi o vogliono fregarvi, ma che proveranno continuamente a chiedervi di fare qualunque cosa tranne indossare la vostra tenuta da corsa e sparire per un po'.

Se avete molti impegni di questo tipo, dunque, programmate bene le vostre sessioni di corsa e fate in modo di non saltarle. Durante la settimana questo potrebbe voler dire rinunciare a un po' di sonno e uscire a correre la mattina presto. Pazienza.

162

Correre non è ricamare

Una delle difficoltà nel trovare il tempo per correre è che questa attività richiede momenti precisi e ininterrotti. Correre regolarmente non è come ricamare, leggere o fare qualche altro tipo di esercizio fisico come gli addominali. Non potete ritagliarvi qualche minuto qua e là durante il giorno e pensare di arrivare alla fine della giornata registrando dei progressi.

A complicare ulteriormente le cose c'è anche il cibo. Non sarebbe fantastico, mi capita spesso di pensare, se correre fosse come fare giardinaggio? In tal caso potreste dire: Bene, ora ceno con i bambini e subito dopo dedico una mezz'oretta alla mia passione.

Credo che la difficoltà di trovare un blocco di tempo ininterrotto che non entri in conflitto con gli orari dei pasti nostri e degli altri sia una delle ragioni per cui la corsa non diventa più popolare. Questo, tuttavia, non fa che renderla ancora più speciale per noi, vero?

163

Quando avete tutta la giornata

In quelle rare occasioni in cui potreste correre in qualsiasi momento della giornata, non aspettate di sentirvi pronti per farlo, perché non vi capiterà quasi mai.

Essendo stato un giovane decisamente pigro, posso assicurarvi che non si produrrà mai una congiuntura astrale per cui all'improvviso vi sentirete pieni di energie e pronti a sfidare il mondo: restarvene seduti sul divano per un'altra ora non aumenterà la vostra voglia di uscire. Anzi, vi renderà ancora più pigri, e la giornata si accorcerà di altri 60 minuti. Quindi uscite subito e cominciate a correre.

164

Qualcosa è sempre meglio di niente

Adottare una mentalità «o tutto o niente» è una delle ragioni per cui di solito non si riesce a essere costanti nella corsa. Se vi convincete che la corsa deve essere fatta secondo certe modalità altrimenti non ne vale la pena o non è vera corsa, andrete sicuramente incontro a diversi problemi, o perlomeno a qualche delusione.

Ci saranno giorni in cui alcuni aspetti della realtà interferiranno con il vostro programma di allenamento e vi costringeranno a modificarlo: per esempio, le condizioni atmosferiche, questioni lavorative o famigliari, la fatica; o forse vi capiterà semplicemente di non sentire la sveglia e di continuare a dormire. Ciò non significa che dovrete rinunciare a tutta la sessione: se il vostro obiettivo era correre 15 chilometri, 5 saranno sempre meglio di niente.

Questo concetto vale anche quando state già correndo. Non sempre le cose andranno come vorreste. Nonostante ce la mettiate tutta, magari vi sembrerà di andare più lenti del solito, o forse avvertirete un nuovo fastidio, o la pista su cui di solito vi allenate sarà chiusa. Non giungete a conclusioni affrettate, né prendete decisioni drastiche basandovi su eventi isolati. Cercate di portare a termine la sessione e sperate di correre meglio il giorno dopo.

165

I ♥ running

Vivere la propria attività podistica come una relazione sentimentale è piuttosto comune. Ci si impegna in una storia con qualcuno perché lo si desidera, e perché questa rende migliore la nostra vita. A volte si ha l'impressione di fare tutta la fatica senza ricevere niente in cambio. Ci sono piccole cose che ci fanno diventare matti, mentre le relazioni degli altri, o le nostre precedenti, ci sembrano fantastiche, se osservate a distanza. Ma questo non significa che dovremmo troncare una storia soltanto perché stiamo attraversando un periodo difficile. Tenete duro, presto la vostra fedeltà sarà ricompensata e tornerete ad apprezzare tutti i motivi per cui volete che la relazione continui.

166

Fissate un obiettivo

Il leggendario maratoneta Bill Rodgers è un maestro dell'automotivazione. Avere sempre un obiettivo gli ha permesso di continuare a correre negli ultimi quarant'anni. Nel caso di Rodgers, spesso il suo obiettivo è correre una gara o una serie di gare nel trimestre o nel semestre successivo: si tratta di un periodo abbastanza breve perché il traguardo fissato non sembri troppo distante o astratto, ma sufficientemente lungo da offrire qualcosa per cui valga la pena impegnarsi nelle settimane e nei mesi che lo precedono.

Quelli di Rodgers sono sempre obiettivi che gli psicologi dello sport definirebbero positivi: hanno un valore concreto per chi se li pone, sono quantificabili, precisi, impegnativi ma non impossibili; e sono graduali, nel senso che possono essere scomposti in traguardi intermedi che consentono di raggiungere l'obiettivo a lungo termine. Se dovesse mancare anche una sola di queste caratteristiche, un obiettivo non riuscirebbe a motivarci allo stesso modo. Per esempio, eliminando il fattore precisione, un ipotetico: «Voglio correre la 10 Km in meno di 40'» diventerebbe: «Voglio correre la 10 Km più veloce». Nel secondo caso, probabilmente raggiungereste quasi subito l'obiettivo. Ma poi?

Uno degli aspetti positivi del metodo di Rodgers è che fissando i suoi obiettivi in questo modo può avere un riscontro immediato e quotidiano dei progressi. Sapere che intende correre una certa distanza entro un certo tempo e in una data ben precisa gli permette di elaborare un programma di allenamento graduale per raggiungere quel risultato. Quello che decide di fare in un qualsiasi giorno per conseguire il suo obiettivo dipende da ciò che ha fatto nella settimana precedente, e da ciò che farà in quella successiva.

167

L'obiettivo non dev'essere per forza legato a una gara

Naturalmente, esistono eccellenti obiettivi che, pur non avendo nulla a che vedere con il vostro rendimento in gara, hanno tutte le caratteristiche necessarie per fornirvi lo slancio e l'ispirazione di cui avete bisogno.

Per esempio, ogni 1° gennaio, quando scrivo i miei propositi per l'anno nuovo, il primo è sempre quello di non perdere nessun giorno di allenamento a causa di un infortunio. Ma non si tratta soltanto di un proposito, bensì di un traguardo quantificabile che mi spinge a eseguire tutti gli esercizi necessari per mantenere il mio corpo in ottima condizione (stretching, potenziamento eccetera) e renderlo più resistente agli infortuni. Inoltre mi aiuta a evitare errori o ingenuità nel mio programma di allenamento – per esempio, quattro sessioni ad alta intensità per quattro giorni di fila –, in modo da non ritrovarmi, dieci giorni dopo, a scuotere sconsolato la testa davanti a un inspiegabile stiramento alla coscia. Anche obiettivi come correre una media di 65 chilometri alla settimana per un anno, o allenarsi almeno cinque giorni alla settimana per i prossimi tre mesi, riusciranno a motivarvi allo stesso modo.

Se i vostri obiettivi sono precisi, e se li avete scelti perché sono davvero importanti per voi, allora siete sulla buona strada per riuscire a correre con continuità.

168

La più grande invenzione nella corsa

Ecco un'altra idea del maestro della psicologia della corsa Bill Rodgers: la cosa migliore da fare per riuscire a correre con continuità è trovare buoni compagni di allenamento.

Allenandovi con qualcuno sarà molto più facile sviluppare tutte quelle abitudini indispensabili per avere successo nella corsa. Sapere di dover correre insieme ad altri vi spingerà fuori di casa, e poiché le singole sessioni diventeranno simili a degli appuntamenti, il tempo che dedicherete loro vi sembrerà meno «rubato». I compagni di allenamento, inoltre, vi convinceranno a continuare quando le cose si faranno difficili; agiranno da casse di risonanza per i vostri obiettivi, aiutandovi a formularli e a raggiungerli.

Gli aspetti positivi dell'allenarsi con qualcuno sono potenzialmente infiniti. I runner che raggiungono da soli il loro massimo potenziale rappresentano l'eccezione.

Tralasciando le considerazioni sul rendimento, avere un gruppo di compagni con cui allenarvi vi aiuterà a correre perché migliorerà la vostra vita in generale. Trascorrere qualche ora alla settimana correndo con altri vi permetterà di fare amicizie che difficilmente un adulto riuscirebbe a instaurare nella vita di tutti i giorni.

169

Tutti meritano una corsa in compagnia

Non tutti i vostri compagni di allenamento dovranno essere veloci come voi o correre il vostro stesso numero di chilometri settimanali. Se è vero che il partner ideale è quello più o meno al vostro livello, non esistono ragioni particolari per evitare di uscire con qualcuno che sia molto più veloce o più lento di voi, o che corra distanze parecchio superiori o inferiori.

Se il vostro compagno di allenamento è più lento di voi, correte con lui il giorno successivo alla vostra sessione settimanale più intensa; se è molto più veloce, cercate di tenere la sua andatura e sfruttate l'allenamento come una sessione di tempo run. Se uscite con qualcuno che si allena su un percorso più breve del vostro, completate la corsa con lui e poi continuate da soli; se invece è un fanatico della distanza, unitevi a lui soltanto per la prima parte. A ogni modo, tutti questi runner saranno felici di correre con voi.

170

Un'altra tipologia di compagni di allenamento

Studiate questo sport. Leggete le biografie dei grandi campioni. Trovate un forum frequentato da corridori che se ne intendono (e possibilmente non maleducati). Magari potreste anche iscrivervi alla rivista per cui scrivo io! Scoprire che migliaia di altre persone hanno sperimentato le vostre stesse gioie e difficoltà non toglierà nemmeno una briciola delle sensazioni che avete provato quando le avete sperimentate per la prima volta. Fate tesoro degli errori altrui per non doverli ripetere.

171

Malati o stanchi (ma non di correre)

Prima o poi capita a tutti che qualche malanno si metta tra noi e la corsa. Di solito va bene continuare a correre, se i sintomi interessano la parte del corpo che va dal collo in su (naso chiuso, testa pesante eccetera); non dovreste invece allenarvi se la parte del corpo interessata dai sintomi fosse quella dal collo in giù (congestione toracica, tosse, vomito eccetera).

Come abbiamo visto per molti altri aspetti legati alla corsa, non esistono regole precise riguardo all'opportunità di allenarsi quando vi sentite indisposti: toccherà a voi decidere se farlo o meno. Io faccio sempre almeno una corsetta, basandomi sulla teoria che per una mezz'ora dopo l'attività fisica mi sentirò molto meglio di quanto non mi sentissi prima. Non che correre in queste condizioni faccia sentire benissimo, ma è comunque diverso dal restarsene seduti in casa con i fazzoletti in mano.

Inoltre, stimolare la circolazione mi aiuta sempre a schiarirmi le idee. Di solito non mi allontano troppo da casa, nel caso in cui dopo pochi minuti dovessi rendermi conto che è meglio non prolungare ulteriormente la mia bravata. Ma anche se dovesse succedere mi risulterebbe difficile dire che uscire sia stato un errore, perché correre non peggiora le condizioni né prolunga i tempi di guarigione.

Lo ripeto: dovrete essere voi a decidere. Ad alcuni piace correre quasi tutti i giorni. A me piace pensare che un raffreddore o un'influenza, che interferiscono già abbastanza con la mia vita, non debbano necessariamente stravolgere la mia giornata.

172

Alimentazione e regolarità

La regolarità che intendo qui è quella della corsa, non quella cui di solito ci si riferisce quando si parla di alimentazione.

La ragione più importante per cui ogni runner dovrebbe curare la propria alimentazione non è per riuscire a limare 8 secondi sulla 5 Km o fare 3 chilometri in più la domenica successiva, ma essere in buona salute per poter uscire a correre con continuità. Non è facile essere costanti quando si sta male spesso, si è sempre stanchi o si pensa che da un momento all'altro ci si possa beccare qualche malanno. Una sana alimentazione vi aiuterà a restare in salute, vi permetterà di correre con maggiore regolarità e di fissare obiettivi più ambiziosi.

Detto questo, per un corridore una sana alimentazione è fondamentalmente la stessa che ogni persona dovrebbe seguire. Niente di più. Frutta e verdura fresche in abbondanza, porzioni ridotte di carne magra, tanti carboidrati (perché i muscoli non vadano mai in riserva), molti fluidi non carichi di zucchero, pochi grassi saturi e cibi lavorati. È semplicissimo, a dispetto di tutte quelle diete astruse e strampalate che vanno tanto di moda.

Se decidete di assumere quotidianamente un integratore multivitaminico per contrastare qualche scelta alimentare poco felice, non c'è niente di male. Altri prodotti simili reclamizzati come utili specialmente per i runner saranno soltanto uno spreco di denaro.

Sentirete spesso dire: «Posso mangiare quello che voglio, tanto vado a correre». E questo potrebbe anche avere un senso, se l'unica cosa che vi interessa è calcolare quante calorie ingerite e quante ne consumate correndo. Per quanto mi riguarda, preferisco essere nella condizione migliore non solo quando corro, ma anche in tutti gli altri momenti. Questo accade regolarmente, se le calorie che assumo provengono da cibi semplici e sani, quelli per cui non serve una laurea in chimica per leggere gli ingredienti.

173
Nonostante il brutto tempo

Correre con continuità significa anche allenarsi con ogni tipo di condizione atmosferica (a meno che non viviate a San Diego, in California, dove il peggio che possa capitarvi è dover uscire con il sole e 22 gradi anziché il sole e i 26 gradi dell'altro giorno). Riuscire a correre in tutte le stagioni dipende, in buona sostanza, dal vostro atteggiamento mentale: l'abbigliamento è importante ma secondario.

Non essendo abituati a esporsi alle inclemenze del tempo, molti hanno paura di uscire. In un qualsiasi giorno che non risponda ai canoni climatici di San Diego vi sentirete sicuramente chiedere: «Davvero vuoi uscire a correre con questo tempo?» Quello che gli altri non capiscono è che uno dei piaceri più grandi per un corridore è fare esperienza del mondo fuori, e soprattutto della natura, in tutte le stagioni. Le differenze di temperatura e di luce, le diverse sensazioni trasmesse dall'aria, gli alberi in fiore o con le foglie che cominciano a cadere: tutte queste cose rendono la corsa, in qualsiasi momento dell'anno, una gioia che molti non conoscono finché non la provano di persona.

Quando hanno una ragione per farlo, gli essere umani riescono ad adattarsi in modo stupefacente al clima. Perciò sì, esco a correre con questo tempo. E così dovreste fare anche voi. Perché là fuori non sarà mai così male come potrebbe sembrarvi da dietro il finestrino dell'auto o dalla finestra del vostro ufficio.

174

Paura del tempo?

In questo caso sarà sufficiente domandarsi: La penserei allo stesso modo se fuori ci fossero il sole e 24 gradi?

Se la risposta è no, allora non ci sono molte ragioni per saltare un allenamento (in altre parole, chi vive a San Diego non può mai saltare una sessione con la scusa del tempo). Ciò non significa, naturalmente, che non potete mai lamentarvi se piove o fa freddo. Fate come faccio io: brontolate quanto volete e poi partite.

175

Correre quando fa molto caldo

C'è una ragione per cui posti come la Louisiana o l'Arabia Saudita non sfornano fondisti a ripetizione. Nelle corse sulla lunga distanza il rendimento comincia a calare dopo che il corpo ha perso appena il 2% del suo peso a causa della disidratazione: per un corridore di una settantina di chili significa poco meno di un chilo e mezzo, un calo che può avvenire in meno di un'ora di corsa. Chi tende ad avere un'eccessiva sudorazione perderà molti più liquidi. Le conseguenze? Respiro corto, pulsazioni alle stelle e drastica riduzione della velocità. Ascoltate uno che una volta ha perso 4 chilogrammi in una corsa di 2 ore nel mese di giugno: a dispetto delle giornate più lunghe e della possibilità di allenarsi senza doversi infagottare per affrontare gli elementi, riuscire a correre ad alto livello d'estate può essere estremamente difficile.

Per quanto riguarda la continuità, essendo estate non sarà certo difficile uscire tutti i giorni. La vera sfida nella stagione calda è capire come e quanto correre, in modo da non arrivare distrutti alla prima, fresca mattina d'autunno.

176

State freschi

Per contrastare il caldo durante l'allenamento vi basterà adottare i più comuni accorgimenti per evitare un'eccessiva disidratazione: correte la mattina presto, o dopo il tramonto; vestitevi il meno possibile (restando però nei limiti della decenza); indossate capi traspiranti che non trattengano il sudore; mantenete un'andatura più lenta fin dall'inizio. Si tratta di consigli dettati dal buonsenso, ma che spesso si rivelano più facili a dirsi che a farsi, soprattutto per quanto riguarda gli orari. Durante la settimana, infatti, sarete costretti a correre quando troverete il tempo, quindi dovrete adattarvi.

È stato dimostrato scientificamente che abbassare la temperatura corporea prima di uscire a correre quando fa caldo offre numerosi vantaggi. Nelle ricerche condotte in proposito, ai runner venivano fatti indossare dei gilet refrigeranti, ma è possibile replicare questo effetto in altri modi: per esempio, potreste stare in un ambiente molto refrigerato, come una stanza chiusa con l'aria condizionata, per un quarto d'ora prima di uscire a correre; la temperatura del vostro corpo dovrebbe così diminuire quanto basta per ritardare l'effetto negativo della disidratazione e permettervi di coprire una distanza maggiore.

177

Bere o non bere

D'estate non avete sempre bisogno di portarvi dietro l'acqua durante l'allenamento. Certo, siete liberi di fare come volete, ma la quantità di liquidi persi con il sudore in una corsa di 45 minuti in una normale giornata estiva non influirà in modo particolare sulla vostra prestazione. Come molti altri runner di lunga data, preferisco idratarmi un po' meno piuttosto che dover correre con una borraccia appesa alla vita o in mano.

Il discorso cambia per gli allenamenti più intensi o per le corse più lunghe. Se state lavorando sulla velocità, anche se non siete su pista probabilmente dovete passare più volte nello stesso punto (per esempio, l'inizio di un tratto in salita se state facendo delle ripetute su dislivello), quindi lasciate in quel punto una bottiglia da cui bere durante i momenti di recupero.

In queste sessioni si suda di più a causa del maggiore carico di lavoro. Inoltre, poiché l'obiettivo di questi allenamenti è mantenere costante una prestazione alta, dovete fare il possibile perché la quantità di liquidi persi con il sudore non aumenti eccessivamente, costringendovi a rallentare.

Nelle uscite lunghe il semplice fatto di correre il doppio del solito comporterà quasi sicuramente un calo verso la fine della sessione, a meno che non riusciate a reintegrare i liquidi persi. Se necessario, cominciate gli allenamenti di corsa lunga programmati nel weekend la mattina presto, e seguite un percorso che vi permetta di passare almeno un paio di volte nello stesso punto, dove lascerete una bottiglia d'acqua.

Gli studi hanno dimostrato che le bevande energetiche, se hanno una corretta concentrazione di sodio (tra il 6 e l'8%), oltre a reidratare alla stessa velocità dell'acqua apportano anche i sali necessari a mantenerne in equilibrio i valori nel sangue.

178

Tra una corsa e l'altra quando fa caldo

Dopo qualsiasi corsa in cui abbiate perso più del 2% del vostro peso corporeo sudando dovrete cominciare subito a reidratarvi. Aspettando troppo aumentereste soltanto i tempi di recupero.

Una volta l'idea era che per reidratarsi correttamente bisognasse assumere liquidi un po' alla volta, poiché si credeva che la maggior parte delle persone non fosse in grado di assorbire più di 200-250 millilitri ogni quarto d'ora. Oggi sappiamo che non è così. Se subito dopo una corsa volete scolarvi un litro d'acqua o di qualsiasi altra bevanda energetica, siete liberi di farlo.

A ogni modo, dovete pensare come runner non solo immediatamente dopo avere corso in una giornata particolarmente calda.

D'estate il rischio di disidratazione cronica è il peggior nemico della continuità. Se non vi idratate abbastanza per alcuni giorni di seguito, comincerete a sentirvi fiacchi e demotivati. E se durante un periodo particolarmente caldo la vostra urina è giallo ambrato o scuro, significa che non vi state idratando a sufficienza.

Le ricerche hanno dimostrato che chi è abituato ad allenarsi in climi caldi ha un ottimo rendimento non solo quando la temperatura è alta (ovviamente), ma anche quando fa freddo. A quanto pare, i vantaggi in termini di prestazione sarebbero paragonabili ad alcuni di quelli che si ottengono con l'allenamento in quota.

Pertanto, gli insegnamenti che possiamo trarne sono due: per prima cosa, correre regolarmente durante i periodi caldi vi garantirà straordinari risultati in autunno; secondo, sebbene il caldo vi costringa spesso a correre più lentamente del solito, la vostra condizione migliorerà ugualmente, così come correre a un ritmo più lento in quota offre uno stimolo ad allenarsi maggiore di quanto possa sembrare sul momento.

179

Correre d'inverno

«Davvero vuoi uscire a correre con questo tempo?» Anche se questa domanda è più probabile che ve la facciano d'inverno che non d'estate, correre a una temperatura sotto lo zero non è un'impresa particolarmente difficile dopo i primi 10 minuti. A quel punto, infatti, l'afflusso di sangue ai muscoli è aumentato significativamente e ci si sente molto più caldi.

Quando mi vesto per uscire, anziché basarmi sulla temperatura o sul clima effettivi cerco di immaginare come mi sentirò dopo un quarto d'ora di corsa: preferisco sentire un po' più freddo all'inizio che sentirmi appesantito da troppi vestiti mezz'ora dopo, quando ormai sarò ben caldo e probabilmente non penserò più alla temperatura.

Un'eccezione sono le mani, che raramente si scaldano come il resto del corpo. Tuttavia anche queste di solito diventano più calde, e se indossaste i guanti potrebbero cominciare a sudare. Io uso un paio di guanti a mezze dita con la copertura delle estremità rimovibile: una soluzione perfetta per questo tipo di problema.

180

Abbigliamento invernale

Raramente avrete bisogno di indossare più di due strati nella parte superiore del corpo. Oggi esistono così tanti modelli di maglie di ottima qualità e pensate per essere utilizzate quando fa freddo che, se vi affiderete alle marche più note, sarà quasi impossibile sbagliarsi. Io sono diventato un grande fan della lana merino, un materiale che ha una straordinaria capacità di isolamento e non puzza nemmeno dopo averci corso molte volte.

Nella parte inferiore del corpo, l'importante è tenere al caldo la zona inguinale. Una volta, in un gelido e ventoso primo dell'anno, mi sono tuffato nell'oceano, ma quello che ho provato non è nemmeno lontanamente paragonabile a ciò che patisco di solito nell'ultima parte di una corsa, o nella mezz'ora immediatamente successiva, quando fa particolarmente freddo. Quando la temperatura scende a -15 gradi (dalle mie parti, nel Maine, non è affatto insolito d'inverno) o c'è molto vento, indosso mutande di lana (vanno bene anche di nylon, ma con una specie di pannello protettivo davanti all'inguine).

181

Correre sulla neve

Correre su strade innevate o ghiacciate è diventato molto più facile grazie alla diffusione di accessori come YakTrax e STABILicers, che si applicano sotto la suola delle scarpe e consentono di avere più aderenza, nonché di mantenere una meccanica di corsa più corretta di quella che in simili condizioni vi garantirebbero le sole scarpe.

La prima volta che ho provato gli YakTrax avevo i miei dubbi. Riuscivo a tenere un buon assetto di corsa e non avvertivo quella sensazione di slittamento che rende così poco piacevole correre sulla neve, ma siccome volevo essere sicuro di non essermi immaginato tutto, quando sono rientrato me li sono tolti e sono uscito di nuovo a farmi una corsetta indossando soltanto le scarpe: una differenza enorme.

Ora, quando so che dovrò correre su strade dove non è passato lo spazzaneve, li metto sempre. Li ho indossati anche nei boschi, per correre su sentieri dove sapevo che gli escursionisti con scarponi e racchette da neve avevano già battuto il terreno rendendolo più stabile. Potersi allenare su percorsi di questo tipo in un periodo dell'anno in cui normalmente non sarebbe possibile farlo è una vera pacchia.

Se correte su strade innevate senza usare questi accessori, aspettatevi di avere i muscoli posteriori delle cosce indolenziti, in particolare appena sotto ai glutei. Anche le vostre bandellette ileotibiali potrebbero soffrire a causa del maggiore lavoro che dovranno fare per stabilizzarvi a ogni passo. Dopo avere corso sulla neve fate un po' di stretching lavorando su queste zone, poi applicate del ghiaccio per qualche minuto sulla parte alta dei muscoli della coscia.

182

Correre con il buio

A molti runner che si allenano in tutti i periodi dell'anno può capitare, qualche volta, di correre quando cala il buio. Doverlo fare per alcuni mesi di seguito non è certo la cosa più entusiasmante del mondo – ecco perché mancano grandi maratoneti provenienti dal circolo polare artico –, ma allenarsi con il buio ha comunque il suo fascino.

Non vedere dove si mettono i piedi di solito non è un problema, fatta forse eccezione per i mesi invernali, quando il rischio di scivolare è maggiore: correre su neve o ghiaccio non è facile, come ho detto, e in condizioni simili è probabilmente meglio il tapis roulant.

La cosa più importante è assicurarsi che gli altri vi vedano, e con «altri» intendo gli automobilisti. Molti capi di abbigliamento e modelli di scarpe pensati per l'allenamento invernale hanno inserti in materiale catarifrangente, quindi potreste procurarvene qualcuno. Se le strade che percorrete sono particolarmente strette o gli automobilisti della zona sono particolarmente distratti, attrezzatevi con qualcosa in più, per esempio un gilet catarifrangente, una lampada da testa o delle luci per le mani che coprono le nocche rendendole luminose.

183

Correre con la pioggia

Quasi sempre quando piove le difficoltà sono di tipo psicologico: è come se uscire durante un acquazzone fosse molto peggio che se cominciasse a piovere mentre stiamo già correndo. Io cerco sempre di ricordarmi che comunque è impossibile bagnarsi oltre a un certo limite, che di solito si raggiunge entro una decina di minuti.

Se piove e fa freddo, di sicuro quella corsa non diventerà tra le più memorabili della vostra vita. È in casi come questo, e in pochissimi altri, che mi vesto basandomi sulla temperatura effettiva, altrimenti avrei i vestiti zuppi prima ancora di essermi scaldato, pertanto un po' di peso in più addosso non guasta.

Quando piove controllo sempre di avere le scarpe allacciate ben strette, altrimenti il piede potrebbe cominciare a muoversi dentro la scarpa a causa della pioggia e prima della fine della corsa dovrei fare i conti con un ginocchio o qualche altra zona delle gambe dolorante.

184

Resistere al vento

La cosa peggiore del vento è che è fastidioso. Se è troppo forte può diventare impossibile tenere un'andatura fluida e rilassata, anche se soffia da dietro. Nei giorni ventosi il consiglio più diffuso è cominciare l'allenamento controvento, in modo da averlo a favore al ritorno ed evitare di congelarsi. Io, invece, credo sia meglio il contrario.

Quando c'è vento cerco di «fregarmi» da solo per restare fuori più a lungo di quanto farei istintivamente in giornate simili. Comincio con il vento a favore, e quando viene il momento di girarmi per tornare sarò diversi chilometri lontano da casa e non avrò altra scelta se non continuare a correre e finire il lavoro (e per allora mi sarò scaldato). In questo modo è molto più probabile che riesca a coprire una buona distanza, anziché correndo controvento i primi chilometri quando non sono ancora al meglio della condizione.

185

Amore, odio e tapis roulant

Ad alcuni runner piace correre sul tapis roulant, altri invece lo odiano. Io appartengo più alla seconda categoria, anche se confesso che a volte non mi dispiace affatto. Ne ho uno in garage, e anche solo sapere che è lì a mia disposizione mi tranquillizza. Domani è prevista una tormenta di neve? Anche se preferirei che gli dèi del clima avessero altro da offrirmi, so che comunque riuscirò a correre: o fuori, se le condizioni non dovessero essere veramente impossibili, o sul tapis roulant, se dovessi decidere che è meglio stare a casa.

Se il tapis roulant può esservi utile per allenarvi in quei giorni in cui altrimenti non potreste farlo, allora compratene uno. A me è capitato più di una volta di uscire a correre in inverno per poi dover ammettere di avere fatto la scelta sbagliata. Nelle giornate invernali di cattivo tempo il tapis roulant è sicuramente la scelta più sicura, soprattutto se l'alternativa è correre al buio o su un terreno particolarmente scivoloso.

186

Tapis roulant o «tapinoioso»?

Il problema più immediato dell'allenamento sul tapis roulant è la noia. Tuttavia, questo è uno dei rari casi in cui chi non dovesse amare granché la corsa potrebbe trovarsi avvantaggiato: dal momento che per queste persone correre è una faticaccia sia all'aperto sia su un tapis roulant, non hanno bisogno di prepararsi psicologicamente perché la loro sessione duri abbastanza da risultare utile.

Se invece siete di quelli che amano le sensazioni della corsa all'aperto, l'aria sulla faccia e il paesaggio tutto intorno, allora il tapis roulant vi sembrerà una pessima alternativa (è come se a un grande appassionato di whisky dicessero: «Ecco, bevi pure tutta la birra che vuoi, ma nient'altro»).

In questi casi la soluzione, soprattutto se vi allenate in palestra, è ascoltare un po' di musica con le cuffie mentre correte. È stato dimostrato che sarebbe meglio correre con una musica a un ritmo piuttosto sostenuto, circa 180 battute al minuto, cioè più o meno simile alla normale frequenza di passo durante la corsa. A casa, invece, potreste guardarvi un film o un po' di TV: fate qualsiasi cosa riesca a impedire al vostro cervello di fissare il display del tapis roulant e pensare continuamente: 12 minuti? Mi sembra di correre da un'ora!

187

Come scegliere la pendenza sul tapis roulant

A quale pendenza regolare il tapis roulant è da sempre argomento di dibattito. Il leggendario allenatore e fisiologo dello sport Jack Daniels consiglia di impostare una pendenza dell'1%, per compensare la mancata resistenza dell'aria che invece affrontiamo quando corriamo all'aperto: secondo Daniels, con questa leggera inclinazione il consumo di ossigeno sarà pari a quello di un allenamento fuori, alla stessa andatura e su un terreno pianeggiante.

Altri invece sostengono che questo fattore non abbia importanza, e si domandano se invece non sia più utile regolare il tapis roulant su una velocità più sostenuta: anziché impostare la pendenza sull'1% e poi correre alla solita andatura, perché non lasciarla allo 0% e correre un po' più veloci? In questo modo, secondo loro, non solo avremmo un assetto di corsa più vicino a quello ideale, ma ridurremmo anche il tempo trascorso sul tapis roulant.

A me piace variare: a volte corro con una pendenza dello 0%, altre dell'1% o maggiore, così l'allenamento mi sembra più simile a una corsa vera all'aperto, dove si alternano salite, discese e tratti pianeggianti.

188

Ignorate la console del tapis roulant

Non date troppo credito ai numeri che vedrete comparire sulla console del tapis roulant. Il cronometro e l'indicatore di pendenza dovrebbero essere affidabili, ma per il resto è probabile che il tapis roulant non sia perfettamente calibrato.

Quindi non andate in paranoia se, guardando i valori sul display, vi sembra che sia particolarmente faticoso tenere il vostro solito ritmo di allenamento.

Allo stesso modo, non pensate di essere in una condizione straordinaria se il tapis roulant vi dice che state correndo le vostre ripetute sui 1.500 metri più veloci che mai. Tenuto conto del contesto artificiale in cui vi state allenando, regolate il ritmo come vi sembra giusto quel giorno, senza prestare troppa attenzione ai numeri.

189

Dopo l'ultimo record personale

La voglia di correre è sempre tanta quando sappiamo che i nostri giorni più veloci devono ancora venire. Essere costanti è invece più complicato se ormai abbiamo stabilito tutti i nostri record personali, e qualsiasi cosa facciamo riusciremo al massimo a rallentare l'inevitabile calo di rendimento.

L'età in cui si raggiunge questo punto varia da persona a persona. Chi ha appena cominciato a correre può puntare a migliorarsi per dieci-dodici anni, se inizia subito ad allenarsi con regolarità. Una ragazza che abbia cominciato a correre nella squadra di atletica delle superiori potrà pertanto raggiungere il picco di rendimento tra i venticinque e i trent'anni, e le sue prestazioni caleranno drasticamente fra i trenta e i quaranta. Se invece avete cominciato in età adulta, potrete continuare a migliorarvi per molti anni, anche se siete tra i quaranta e i cinquanta. Ma a un certo punto, con l'avanzare dell'età anche per voi le prestazioni inizieranno a peggiorare.

Prima di allora, naturalmente, saprete quali sono gli aspetti che amate della corsa e avrete imparato che cosa bisogna fare per essere costanti. Tuttavia, sapere che per il resto della vostra carriera di runner diventerete sempre più lenti potrebbe essere frustrante, nonché spingervi a dedicare sempre meno tempo alla corsa. Ecco dunque alcuni consigli per non perdere mai la speranza.

190

Riazzerate spesso il contatore mentale

Anche se non è così facile, a un certo punto dovrete smettere di confrontarvi con le prestazioni ottenute nel momento migliore della vostra carriera di runner. Non riuscirete mai a trovare gli stimoli necessari se continuerete a pensare: Un momento, il mio ritmo di gara nella 10 Km è molto calato rispetto a quello che riuscivo a tenere nella tempo run.

Il modo migliore per smettere di pensare in questi termini è considerare la versione più veloce e giovane di voi stessi come un'altra persona. Quando eravate al meglio della vostra condizione, probabilmente non pensavate: Un momento, il mio ritmo di gara nella 10 Km è molto più lento di quello che Tizio riesce a tenere nei suoi allenamenti meno impegnativi.

A motivarvi era l'idea di quello che avreste potuto fare con il materiale genetico, il programma di allenamento e il tempo che avevate a disposizione allora, in quel preciso momento. E dovreste pensarla in questo modo anche adesso. Molti runner ripartono da zero ogni cinque anni, cercando di esprimersi al massimo del loro potenziale come individui della fascia d'età in cui rientrano, per esempio cinquanta-cinquantacinque anni: quello che riuscivano a fare quando ne avevano quarantotto, pur rimanendo un importante punto di riferimento, non intacca le soddisfazioni che ricavano da quello che riescono a fare ora.

Un ottimo modo per trovare una motivazione è fissare nuovi obiettivi e lavorare su nuove distanze. Se prima eravate maratoneti, passate al mezzofondo per un anno. Se quando correre era meno faticoso partecipavate a gare più brevi, provate a vedere che cosa succede su percorsi più lunghi. Trovate nuovi e stimolanti obiettivi, non necessariamente legati a una gara, che sappiano indicarvi nuove direzioni.

191

Riazzerate anche il vostro calendario mentale

Tra i corridori più anziani e ambiziosi, chiunque vi dirà che i suoi tempi di recupero tra due sessioni particolarmente intense o lunghe si sono dilatati rispetto a quando era più giovane. Se una volta dopo un allenamento in pista vi bastava una giornata a bassa intensità per recuperare e riuscire, l'indomani, a fare una tempo run, ora potreste avere bisogno di due o tre giorni.

Questo cambiamento può essere facile da accettare mentalmente, ma modificare il proprio programma di conseguenza è invece più complicato. Tendiamo a pensare in termini di cicli da sette giorni, anche se questo non ha alcun significato particolare per il nostro corpo. Se non siete più dei giovanotti ma volete comunque continuare ad allenarvi con continuità a un certo livello, smettete di organizzare per settimane il vostro calendario degli allenamenti.

Naturalmente, per comodità potrete mantenere alcune delle vostre vecchie abitudini, per esempio quella di fare le sessioni di corsa lunga nel fine settimana (soprattutto se vi allenate con qualcuno), ma a un certo punto riuscirete a fare meglio se smetterete di infilare tutti gli elementi di un buon programma di allenamento nel ciclo artificiale dei sette giorni della settimana.

Cercate di organizzarvi su periodi più lunghi, per esempio un mese. Programmate le sessioni decidendo quali e quante corse più impegnative fare in quel periodo, e assegnate a ciascuna giorni fissi tenendo conto che, non essendo più dei ragazzi, i vostri tempi di recupero saranno più lunghi. Per esempio, potreste fissare un allenamento ad alta intensità il giovedì di una settimana e il martedì di quella successiva. Pensando nel lungo periodo riuscirete a essere più costanti, e questo a sua volta vi darà maggiore motivazione.

192

Vietato infortunarsi

Se evitare gli infortuni è fondamentale per tutti i podisti che ambiscano a correre con regolarità, è decisamente obbligatorio per quelli un po' più avanti con l'età. Considerato che con il passare degli anni i tempi di recupero si dilatano, un'infiammazione al tendine di Achille potrebbe ora trascinarsi per settimane. Senza contare che per un cinquantenne rimettersi in pista dopo qualche giorno di pausa sarà molto più faticoso che per un venticinquenne. Non potete permettervi di perdere tempo a causa di un infortunio, se una delle ragioni per cui correte è rallentare gli effetti del tempo.

193

Tenete il corpo in esercizio

Per i runner più anziani è essenziale mantenere, o meglio ancora potenziare, flessibilità e forza muscolare. Questi due fattori, necessari per una corsa ottimale, tendono infatti a peggiorare con l'età, se non vengono allenati. Forza e agilità non solo vi aiuteranno a resistere agli infortuni, ma anche a sentirvi un po' più simili al corridore che eravate da giovani. Questa sensazione, data dal correre in modo fluido e piacevole, sarà una grande fonte di motivazione.

194

Non perdete la vostra velocità

Con il passare degli anni è normale passare dalla corsa veloce a qualcosa di più simile a una sgambata da pensionato. Cercate di evitarlo.

Fare regolarmente corse veloci diminuirà (e non il contrario) il rischio di infortuni, aiutandovi a conservare la massa muscolare e la mobilità articolare necessarie per una buona falcata, e mantenendo alto il livello di funzionalità del sistema nervoso centrale. In questo caso la frequenza è più importante del volume: da sei a dieci sprint di 20 secondi a un ritmo che potreste mantenere per 3 minuti, due volte alla settimana dopo una corsa lenta, faranno miracoli.

Inoltre, quanto è divertente sentirsi di nuovo dei ragazzini e mettersi a correre a tutta birra per strada?

195

Con i giovani è meglio

Se riuscite a trovare dei compagni di allenamento più giovani, cercate di uscire regolarmente con loro.

Allenarsi con gente che deve ancora stabilire i propri record personali è un ottimo antidoto contro l'autocommiserazione. I giovani possono trasmettervi un po' del loro entusiasmo, e voi potreste insegnare loro qualcosa grazie all'esperienza che avete faticosamente maturato.

Ho molti amici che sono rinati come runner allenando ragazzi delle superiori e uscendo a correre con loro.

196

Che cosa fare quando si è in viaggio

Essere costanti quando si è a casa, immersi nella routine quotidiana, è più facile rispetto a quando si è in viaggio, sia per lavoro sia per piacere.

Prima di prendere un aereo cercate sempre di farvi una corsa. Anche se per riuscirci dovrete uscire all'alba, sarete felici di avere fatto qualcosa di buono per voi stessi prima di consegnare il vostro destino agli immancabili imprevisti del trasporto aereo. Se poi riusciste a infilare un'altra corsetta quando sarete arrivati a destinazione, tanto meglio, ma non contateci troppo.

Se dovete alzarvi già molto presto per prendere un aereo, rubare un altro po' di tempo al sonno non dovrebbe essere un grosso problema. E dato che dovrete stare seduti per molte ore, perché preoccuparvi se avrete un po' sonno?

È in situazioni simili che ho fatto alcune delle corse più memorabili della mia vita: in Alaska, a Juneau, al buio e con i rumori del ghiacciaio Mendenhall in sottofondo; e nel Nehru Park di Nuova Delhi, in India, alle tre del mattino.

Non scambierei mai queste corse con un'oretta in più di sonno prima di un lungo viaggio.

197

Come preparare i bagagli ed essere sempre pronti a correre

Mettete la tenuta da corsa nel bagaglio a mano. Più esotica sarà la vostra destinazione, maggiori saranno le probabilità di non ritrovare la valigia che avete imbarcato quando atterrerete, e minori quelle di riuscire a recuperare sul posto e in tempi ragionevoli ciò che vi serve per correre.

Una volta una mia amica che si stava preparando per una maratona è partita per un viaggio di due settimane in Africa e ha messo la sua tenuta da corsa nel bagaglio da stiva, ma la valigia le è stata recapitata in hotel quando mancavano due giorni alla fine del viaggio.

Portate a bordo con voi almeno un paio di scarpe e un completo da corsa adatto alle condizioni climatiche del luogo in cui state andando.

198

Perché non correre anche in vacanza?

Non ho mai capito quelli che non corrono quando sono in vacanza. Correre è un'attività che migliora la vita, trasmette energia, amplia gli orizzonti. E queste non sono forse alcune delle ragioni per cui si va in vacanza?

Quando viaggio per piacere tendo a correre di più, non di meno. I runner di lunga data sanno che correre è il modo migliore per conoscere ed esplorare un luogo. Correndo è possibile osservare come vivono gli abitanti di un posto, sperimentarne i ritmi, apprezzarne l'atmosfera e scoprirne gli angoli più nascosti e speciali, che non compaiono sulle guide turistiche. Inoltre, si possono anche trovare locali migliori dove mangiare rispetto a quelli consigliati dal portiere dell'albergo.

Se le persone con cui viaggiate vi vogliono così bene da voler passare tutto il giorno con voi, la soluzione è semplice: alzatevi prima di loro e fate la vostra corsa, poi cominciate le attività previste per quella giornata. Nelle località turistiche, inoltre, uscendo al mattino presto avrete anche il vantaggio di trovare le strade sgombre.

199

Siate mattinieri

Se viaggiate per lavoro e non per piacere, di solito correre è molto più facile al mattino. Tra riunioni interminabili, pranzi e ricevimenti a cui non potete assolutamente mancare, trovare il tempo per una corsetta potrebbe essere difficile.

200

Correre in un posto che non conoscete

Mentre andate in albergo, guardatevi intorno per individuare piste ciclabili e parchi, poi continuate la ricerca online quando vi sarete sistemati in camera e avrete capito meglio dove vi trovate. Nella peggiore delle ipotesi, cercate almeno un quartiere tranquillo o un luogo adatto per fare un giro di corsa. Prendete in considerazione i tapis roulant della palestra dell'albergo solo come ultima spiaggia. Uscite a vedere il mondo!

I gruppi di corsa amatoriali sono un ottimo modo per scoprire i posti migliori in cui allenarsi in una località che non si conosce. Anche se magari non potrete unirvi ad altri per le vostre uscite, scrivete loro prima di partire e fatevi dire quali sono le strade più belle per correre.

201

Un'ultima considerazione sul correre con regolarità

Gli esperti di finanza comportamentale parlano di importanza dell'architettura delle nostre scelte o dell'ambiente in cui le maturiamo. Un esempio classico è la differenza tra un fondo pensione per dipendenti che preveda l'iscrizione e uno che non la preveda:

nel secondo caso i dipendenti che vi aderiranno saranno molto più numerosi. L'insegnamento che possiamo trarne, dunque, è che fare la cosa giusta dev'essere facile.

L'architettura delle scelte è fondamentale per riuscire a correre con continuità sia giorno per giorno, sia nel lungo periodo. Quando dovete stabilire se l'indomani riuscirete a correre, o decidere se organizzarvi per allenarvi regolarmente con altre persone, oppure se spendere un po' di più per un albergo vicino a un parco, cercate sempre di prendere le decisioni più appropriate per ciascuno degli aspetti coinvolti nella corsa. Fate in modo che fare la cosa giusta sia facile.

PARTE QUINTA

Miscellanea: 49 consigli su scarpe e sicurezza, attitudine e altitudine, e tutte le altre cose che contano

202

Non sempre le cose peggiorano

Se qualcosa mentre correte non va, sappiate che non può sempre peggiorare. Il nostro corpo è una macchina misteriosa: nel giro di pochi chilometri può capitare di sentirsi in discreta forma, poi uno straccio e infine un grande campione. Avere qualche minuto di difficoltà non significa che la vostra prestazione sia destinata a peggiorare ancora nel resto della corsa. Se però il momentaccio si prolunga per più di qualche minuto, rallentate il passo e osservate se le cose migliorano. Accertatevi che non sia niente di grave (come un problema intestinale), dopodiché aspettate che passi, come accade nella maggior parte dei casi.

203

Non è una questione di numeri

Quando vi allenate, cercate di non fissarvi troppo su numeri decisi a tavolino. Una volta, parlando di quanti chilometri fosse meglio correre alla settimana, il maratoneta olimpico Don Kardong ha fatto notare che 88 è una cifra molto più tonda di 100. Inoltre, possiamo davvero dire di avere calcolato con precisione la distanza percorsa in tutti i nostri allenamenti?

Lo stesso tipo di ragionamento può essere applicato anche ad altri aspetti della corsa. Come ho già detto all'inizio del libro, «un chilometro» o «10%» sono espressioni che per il nostro corpo non hanno alcun significato. Allora per quale motivo aumentare la distanza percorsa in una settimana di più del 10% dovrebbe essere rischioso? Allo stesso modo, tenere un ritmo di 5-6 minuti al chilometro (o qualsiasi altra andatura abbiate stabilito come soglia minima affinché correre non sia soltanto una perdita di tempo) può forse avere un senso per voi, nella vostra testa, ma non per il vostro corpo.

204

Il mattino ha l'oro in bocca

Se siete abituati a correre al mattino, cercate di capire quanto tempo è meglio lasciar passare da quando vi alzate a quando uscite di casa. Per godere appieno dei vantaggi del sonno, e per fare in modo che anche la prima parte della sessione mattutina sia piacevole, ciascuno di noi dovrà aspettare un tempo ideale prima di cominciare a correre dopo essersi alzato dal letto.

Con il passare degli anni molti runner si accorgono che questo tempo si allunga. Di solito, a meno che non debba allenarmi molto presto perché poi, per esempio, devo prendere un aereo, mi alzo almeno mezz'ora prima di uscire. Preferisco dormire un po' meno che sentirmi uno zombie durante i primi chilometri.

Quella mezz'ora è un ottimo momento per sbrigare tante piccole faccende, per esempio pagare le bollette o controllare le e-mail, e anche per fare un po' di stretching precorsa.

205

Quando scappa...

Se correte abbastanza a lungo, prima o poi avrete bisogno di fermarvi per un pit stop. Non preoccupatevi. Se però vi succede nella maggior parte delle vostre uscite, nei giorni in cui vi allenate dovreste provare a cambiare alimentazione e orari dei pasti. Se anche dopo questo accorgimento avrete spesso bisogno di un bagno mentre correte, forse è il momento di andare da un medico per controllare che non soffriate di sindrome dell'intestino irritabile.

206

Le virtù transitive della corsa: la capacità di adattamento

A chiunque corra da parecchio sarà capitato di doversi adattare a circostanze tutt'altro che ideali. Vuoi per il clima, la mancanza di un luogo adatto per allenarsi, un raffreddore o una maglietta troppo stretta, raramente vi capiterà di correre in quelle condizioni che per voi corrispondono alla perfezione. Quindi bisognerà tenere duro, adattandosi a qualsiasi situazione in cui vi troverete.

Questa capacità di adattamento, che possiamo migliorare e allenare con la corsa, potrà essere applicata con ottimi risultati anche ad altri aspetti della vita. Sebbene correre non ci renda migliori degli altri, di solito fa di noi persone migliori di quanto non saremmo se non praticassimo questo sport.

207

Un nuovo paio di scarpe non ha bisogno di essere «rodato»

È opinione diffusa che sia meglio usare gradualmente un nuovo paio di scarpe in allenamento, come se questo fosse a sua volta un corridore novello e non dovesse forzare troppo per non farsi male. No, non è necessario. Per come è strutturato, un paio di calzature nuove dovrebbe essere subito pronto, appena tirato fuori dalla scatola, per essere utilizzato, a prescindere da quanti chilometri intendiate correre e quanto veloci vogliate andare (e ci mancherebbe, con quello che l'abbiamo pagato!).

Il discorso cambia se avete acquistato un modello molto diverso da quello con cui eravate abituati a correre. In questo caso le prime uscite dovranno essere più brevi e meno intense, per due ragioni: innanzitutto, per capire se le scarpe sono così diverse da quelle precedenti da potervi provocare qualche piccolo problema (per esempio, un'irritazione sul dorso del piede o un'infiammazione al polpaccio a causa di un'intersuola più bassa); secondo, perché se dovessero darvi troppo fastidio potreste sprecare una sessione di allenamento più lunga o magari importante.

Se invece le nuove scarpe sono come quelle con cui avete corso finora – stesso modello o di marca differente ma simili –, dateci pure dentro fin da subito. Una volta ho inaugurato un paio di scarpe nuove con una corsa di 30 chilometri.

208

Alternate più paia di scarpe

Se potete permettervelo, sarebbe bene avere più di un paio di scarpe da corsa. Modelli differenti assorbiranno l'impatto con il suolo e lo trasmetteranno al vostro corpo ciascuno in modo leggermente diverso.

In teoria, alternare diverse paia di scarpe dovrebbe anche farle durare di più: le intersuole potranno decomprimersi meglio e le tomaie si rovineranno di meno, perché avranno più tempo per asciugare tra una corsa e l'altra.

Se avete intenzione di usare più paia di scarpe, sceglietele tutte dello stesso tipo, per esempio un modello per allenamento leggero, ma di marca diversa.

Se siete particolarmente affezionati a un marchio, prendetele di modelli simili ma abbastanza diversi da garantirvi un'esperienza di corsa differente. Se invece un modello di un produttore vi piace più di tutti gli altri e indubitabilmente è la scarpa più adatta per voi, fate in modo di averne due o tre paia con diversi gradi di usura: queste minime differenze basteranno ad assorbire e a distribuire l'impatto del piede in modo diverso.

209

Come asciugare le scarpe

Qual è il modo migliore per asciugare le scarpe dopo una corsa sotto la pioggia? Rimuovete le solette e avvolgetele nella carta di giornale, poi riempite le scarpe con gli altri fogli. Se sono molto bagnate dovrete cambiare la carta un paio di volte perché si asciughino completamente.

Per esperienza personale vi posso garantire che mettere le scarpe vicino a una fonte di calore intensa non è il modo migliore per asciugarle: colla, gomma e qualsiasi altro materiale di cui sono fatte si deterioreranno molto più in fretta, cosa che vi costringerà a buttarle via prima del previsto.

210
Recensioni di scarpe e buonsenso

Lavorando per una rivista non dovrei dirlo, ma quando dovete comprare un nuovo paio di scarpe vi consiglio di non affidarvi esclusivamente alle recensioni che leggete in giro.

La ragione principale per cui dovreste prendere con cautela e buonsenso le recensioni di scarpe pubblicate da una rivista specializzata non dipende dal fatto che queste testate fanno affari con i produttori, dato che sono i loro principali inserzionisti: se una scarpa ha dei difetti di progettazione, state certi che le riviste migliori li faranno notare.

Il vero motivo per cui non dovreste prendere le recensioni per oro colato dipende dai meccanismi e dai tempi che regolano questo tipo di pubblicazioni: molto semplicemente, dal momento in cui un nuovo paio di scarpe viene immesso sul mercato e quello in cui viene recensito, non passa abbastanza tempo perché l'autore della recensione possa correrci per un numero sufficiente di chilometri. E la finestra temporale diventa ancora più stretta, se considerate che molto probabilmente in quello stesso periodo lo stesso giornalista dovrà testare anche molti altri modelli.

Pertanto, sebbene queste recensioni possano riportare considerazioni utili sul modo in cui le scarpe sono state fabbricate, e se una volta indossate trasmettono le giuste sensazioni, non potranno dirvi nulla sulla loro potenziale durata.

Un paio di scarpe potrebbe anche essere il migliore al mondo, ma se dovesse cominciare a cedere dopo 250 chilometri non varrebbe comunque la pena comprarlo.

Integrate dunque le informazioni estrapolate dalle recensioni con dati ricavati da un utilizzo reale e più continuativo, magari chiedendo ad altri runner che le hanno acquistate e le stanno usando o visitando un forum online.

211

Le analisi dell'assetto personale nei negozi specializzati

Molti negozi specializzati in articoli sportivi propongono ai clienti di farsi filmare mentre corrono su un tapis roulant per poi analizzare insieme il loro assetto durante la corsa e aiutarli a scegliere le scarpe più adatte. Non date troppo credito a questi test.

Innanzitutto, su un tapis roulant la maggior parte delle persone corre in modo leggermente diverso da come farebbe su altre superfici.

In secondo luogo, chi esegue l'analisi fa soprattutto attenzione al grado di pronazione, cioè a quanto il piede ruota verso l'interno tra il momento in cui tocca terra e quello in cui si stacca. E concentrarsi su questo aspetto per stabilire quale sia la scarpa più adatta è un metodo piuttosto superato.

Infine, senza offendere nessuno, chi esegue il test è spesso in commesso di ventun anni che guadagna il minimo sindacale o poco più: non escludo che possa essere animato dalle migliori intenzioni, ma difficilmente potrete considerarlo un esperto di scarpe da corsa.

Se decidete di far analizzare l'assetto della vostra corsa presso un rivenditore di scarpe, considerate il risultato del test come uno tra i molti dati da valutare per comprare delle scarpe. E se in base alla prova sul tapis roulant dovessero insistere perché compriate un modello molto diverso da quello con cui vi siete sempre trovati bene, salutate cortesemente e tagliate la corda.

212

Le scarpe sono vostre, fateci quello che volete!

Potrete modificare le scarpe da corsa come vi pare perché rispondano meglio alle vostre necessità. Provate modi diversi di allacciarle per trovare quello che vi fasci meglio il piede senza darvi fastidio. Probabilmente, molti dovranno far passare le stringhe anche negli occhielli più alti per mantenere più fermo il tallone. Chi invece avesse un collo del piede molto alto o una pianta particolarmente larga potrebbe saltare alcuni occhielli intermedi.

A volte potrebbe venirvi voglia di personalizzare anche altri aspetti delle scarpe: per esempio, tagliare la parte alta del colletto dietro al tallone per non irritare il tendine di Achille.

Cinque anni fa, quando sembrava che tutte le scarpe dovessero per forza avere un inserto di plastica rigida nella suola, mi è capitato più di una volta di armeggiare con il taglierino per rimuovere l'inserto in modo da avere scarpe un po' più flessibili. Fortunatamente, questa moda sta ormai passando.

213

Le virtù transitive della corsa: cogliere l'attimo

I runner più impegnati devono programmare le loro sessioni infilandole tra mille altre incombenze. Anche se domani mattina alle sette potrebbe non essere il momento ideale per una tempo run lunga, se non la farete a quell'ora non riuscirete a farla. E indovinate un po'? Durante la corsa, e soprattutto quando avrete terminato, vi renderete conto che tutto sommato anche quello era un buon momento.

Prendetelo come un *carpe diem* in versione runner. Correndo imparerete ad applicare questa mentalità anche al resto della vostra vita: aspettare non vi sarà di nessuna utilità, perché tra un'ora ci saranno altri problemi.

214

Imparate dalla vostra esperienza

Ogni tanto riguardate i vostri vecchi diari degli allenamenti. Anche quando infilavate un record personale dopo l'altro, non sempre le cose andavano lisce come vi sembra di ricordarle ora. Tuttavia, siete sempre riusciti a superare gli infortuni e i momenti di difficoltà, esattamente come farete la prossima volta che incontrerete un ostacolo.

215

Corridori pendolari

Se vi è possibile e riuscite a organizzarvi, provate ad andare o a tornare dal lavoro correndo almeno un paio di volte alla settimana. Andare al lavoro di corsa vi permetterà di risparmiare tempo e dormire di più al mattino, perché non dovrete allenarvi prima di uscire, e magari potrebbe anche aiutarvi a cominciare la giornata con il buon umore!

Correre tornando dal lavoro, invece, è un ottimo modo per liberarsi dello stress accumulato durante la giornata, così da potervi poi dedicare completamente e serenamente a qualsiasi cosa o persona vi aspetti a casa.

La difficoltà maggiore, ammesso che la distanza casa-lavoro sia fattibile di corsa, è programmare bene gli spostamenti, ma non si tratta certo di un ostacolo insormontabile. Quando lavoravo in posti che potevo raggiungere correndo, il giorno precedente portavo in ufficio un paio di vestiti di ricambio. Se normalmente andate al lavoro in macchina e decidete di tornare a casa correndo, dovrete trovare un modo per andare in ufficio il mattino dopo (di nuovo di corsa?). Inoltre, programmare l'allenamento al ritorno è sicuramente più comodo, se non avete la possibilità di farvi una doccia al lavoro.

Correre per andare e tornare dal lavoro non solo vi farà risparmiare tempo e denaro, ma vi renderà anche meno nervosi: più di una volta, infatti, mentre andavo al lavoro di corsa passando per il Rock Creek Park di Washington mi è capitato di andare molto più veloce delle auto in coda!

216

Fare le commissioni di corsa

Un altro modo per non rinunciare all'allenamento nonostante gli impegni della vita di tutti i giorni è fare le proprie commissioni correndo. Il primo esempio che mi viene in mente è portare la macchina dal meccanico e tornare a casa correndo, e poi tornare in officina di corsa quando sarà pronta il giorno dopo (o, se il vostro meccanico è come il mio, la settimana dopo). Conosco anche molti runner pieni di impegni che corrono per andare dal dentista o ad appuntamenti dove non sono importanti gli abiti con cui ci si presenta.

217

Occhio al ferro

Se da qualche settimana vi sentite stanchi senza motivo, potreste avere una carenza di ferro. Con valori troppo bassi perderete interesse per la corsa, e molte delle vostre uscite cominceranno a sembrarvi troppo impegnative. Farete fatica soprattutto con gli allenamenti di corsa veloce, e i vostri tempi in gara o nelle sessioni più intense peggioreranno.

Quando ci si sente in questo modo è bene farsi fare delle analisi del sangue. Purtroppo, però, in questi casi i valori dell'emoglobina sembreranno nella norma, e potreste cominciare a domandarvi se i vostri problemi non siano psicologici o se per caso non abbiate qualcosa di molto più grave. Chiedete dunque di verificare i livelli di ferritina sierica, che normalmente non vengono misurati: i valori di ferritina indicano le scorte di ferro a disposizione del nostro corpo, una specie di tesoretto che non dovrebbe essere toccato, se non in situazioni di gravissima necessità. Inoltre ci permettono di conoscere eventuali problemi nelle riserve e nell'assorbimento di ferro anche quando i risultati delle analisi non dovessero indicare una situazione di anemia.

Le prestazioni cominciano a calare quando il livello di ferritina sierica scende al di sotto di 30. Se dovesse capitare, consumate più alimenti ricchi di ferro, e nel giro di un mese vi sentirete meglio. Sarebbe anche bene controllare i valori di ferritina quando vi sentite al meglio della vostra condizione, per avere un parametro di riferimento in caso di problemi futuri.

218

Altre questioni mediche

Correre determinerà qualche cambiamento positivo nei vostri normali valori. Per quanto possa sembrare incredibile, alcuni dottori sembrano ancora ignorarlo.

Uno di questi cambiamenti riguarda le vostre pulsazioni a riposo, che diminuiranno. Anche se oggi la maggior parte dei medici sa bene che questa è una conseguenza della regolare attività fisica, è sempre meglio ricordarglielo (sebbene sia divertente, dopo una misurazione di 38 pulsazioni al minuto, vedere l'infermiera controllare l'orologio perché teme che non funzioni bene).

Correre con continuità determinerà anche un incremento del volume di sangue nell'organismo. Spesso il vostro corpo non riuscirà a produrre abbastanza globuli rossi per tenere il passo con questo aumento, e l'apparente carenza di emoglobina e globuli rossi rilevata con le analisi potrebbe essere interpretata come un sintomo di anemia che normalmente si riscontra in un individuo sedentario.

Correre regolarmente modificherà anche la struttura del vostro cuore in due modi: il ventricolo sinistro aumenterà in termini sia di spessore sia di grandezza. In una persona sedentaria un incremento di spessore delle pareti del ventricolo sinistro potrebbe aumentare i rischi di infarto; una cavità ventricolare più ampia potrebbe invece essere il sintomo di un cattivo funzionamento della valvola cardiaca. Informate il vostro medico del fatto che correte prima di fare qualsiasi tipo di esame cardiaco.

219

Non correte prima di un esame medico

Nel breve periodo, correre può influire sui valori delle analisi mediche, soprattutto se lo fate a una certa intensità. Il rischio è che questi livelli temporaneamente alterati vengano interpretati come sintomi di una qualche malattia. Per esempio, dopo un allenamento molto faticoso i valori di creatinchinasi, un enzima presente nelle fibre muscolari, resteranno alti per qualche ora. Livelli particolarmente elevati di questo enzima a volte precedono un attacco cardiaco.

Allo stesso modo, dopo una corsa particolarmente impegnativa cresceranno anche i valori di aspartato aminotransferase, un altro enzima. Se un medico dovesse constatare questo aumento potrebbe concludere che avete qualche problema al fegato. Scongiurate questo genere di situazioni evitando sessioni di corsa ad alta intensità il giorno prima di un esame medico.

220

Informazioni nero su bianco mentre ingrigiamo

Una delle cose migliori della corsa, soprattutto quando i nostri capelli cominciano a ingrigirsi, è che se vogliamo possiamo registrarne i risultati e analizzarla in modo estremamente preciso. Sono stato più veloce nella 5 Km della settimana passata o in quella che ho fatto l'anno scorso? Ho aumentato la mia distanza settimanale rispetto a due anni fa?

Questa possibilità di misurare il proprio rendimento basandosi su dati oggettivi manca in quasi tutti gli altri aspetti della nostra vita. Siete genitori migliori rispetto a cinque anni fa? Persone migliori con cui instaurare un rapporto? Amici migliori? In che modo saperlo? Anche sul lavoro, spesso ci mancano parametri quantificabili e incontrovertibili per misurare i nostri progressi. Processiamo informazioni, partecipiamo a riunioni dopo riunioni, scriviamo relazioni, serviamo i clienti, collaboriamo. Tutte cose che ci gratificano, ma difficilmente possiamo dire: Ecco, qui posso vedere esattamente quanto sono riuscito a fare e quanto sono stato bravo a farlo; il giudizio degli altri non è importante.

Correre, soprattutto in gara, è un'occasione per confrontarci con la realtà.

221

Cercasi compagno di allenamento

Trovare qualcuno con cui correre può essere complicato, ma vale sempre lo sforzo. Un po' ovunque ci sono gruppi di corridori amatoriali in cui cercare un compagno di allenamento più o meno al vostro livello. Concentratevi su quelli con cui andate più d'accordo, e che abbiano una vita che consenta a entrambi di correre insieme con una certa regolarità: abitano abbastanza vicino a voi? Hanno orari di lavoro simili ai vostri? Fatevi domande di questo genere.

In occasione di una gara, un ottimo modo per trovare un compagno di allenamento è fare quattro chiacchiere con le persone che arrivano con voi al traguardo. Dopo esservi scambiati i reciproci complimenti, chiedete loro di unirsi a voi per il defaticamento. Potreste conoscere qualcuno che vive a pochi chilometri da casa vostra e che non vede l'ora di trovare un compagno per gli allenamenti.

222

Le virtù transitive della corsa: la costanza

Spero che a questo punto vi siate convinti che nella corsa il successo si ottiene con la perseveranza, non con sforzi estemporanei e parossistici. È lo stesso tipo di mentalità adottato da chi fa investimenti a lungo termine, e può essere applicato anche alla vita di tutti i giorni. Come runner e come persone, siate metodici, costanti e razionali nel perseguire i vostri obiettivi.

223

Allenatevi anche senza correre

Non evitate altre attività non pianificate o non strutturate solo perché praticate già la corsa. Restare inattivi tra una sessione e l'altra aveva forse un senso quando la maggior parte di noi lavorava in fabbrica o in fattoria; oggi, invece, il problema è di solito il contrario: non ci muoviamo abbastanza, ed è come se vivessimo in una specie di costante inattività.

Nelle pagine precedenti ho già spiegato come uno stile di vita sedentario possa compromettere la capacità di correre. Ecco dunque un ulteriore consiglio in questa direzione: una moderata attività fisica prima di uscire a correre – un po' di giardinaggio, giocare con i figli, portare a passeggio il cane o spazzare il cortile – vi servirà per scaldarvi e vi aiuterà a entrare nella condizione necessaria per correre dopo essere stati seduti per molte ore.

Se a causa di questo tipo di attività doveste sperimentare delle difficoltà durante l'allenamento, significa che i vostri muscoli hanno bisogno di stretching e potenziamento.

224

Alimentazione e corsa

Cercate di individuare il momento giusto in cui correre dopo un pasto. Lasciate passare abbastanza tempo affinché il vostro stomaco non vi crei problemi durante l'allenamento, ma non aspettate troppo, per non ritrovarvi senza le energie fornite dal cibo.

A quanto pare io ho un pessimo apparato digerente, perché se mangio qualcosa entro le cinque ore prima di correre poi non mi sento bene. Un tizio con cui mi allenavo spesso, invece, si spazzolava un intero piatto di bacon poco prima di uscire per una corsa di due ore. Spero che voi vi collochiate da qualche parte tra questi due estremi.

Se quando cominciate a correre vi sentite fiacchi e dopo un quarto d'ora non va granché meglio, allora potreste avere bisogno di assumere qualche caloria poco prima di iniziare la vostra sessione. Le circa duecento calorie apportate da un cibo facilmente digeribile come una banana o una pagnottina aumenteranno il vostro livello di zuccheri nel sangue e vi sentirete più forti nella prima parte dell'allenamento.

225
Com'è il vostro equilibrio?

Avere un buonsenso dell'equilibrio renderà più facile e piacevole la vostra corsa. Ogni passo, infatti, prevede di rimanere in equilibrio su un piede mentre si è in movimento. In caso contrario, ogni volta che il vostro piede entrerà in contatto con il terreno perderete stabilità, di conseguenza sarete più lenti o vi stancherete prima del dovuto, e nella peggiore delle ipotesi modificherete il vostro assetto con il rischio di infortunarvi.

Uno scarso senso dell'equilibrio diventa un problema ancora più grave quando si corre sulla neve, o anche solo su sentieri non perfettamente battuti, dov'è possibile cadere e farsi male, se non si è in grado di mantenersi stabili. Spesso la causa del poco equilibrio è la debolezza dei glutei, a sua volta determinata da una falcata non abbastanza potente.

Chi ha un buon equilibrio dovrebbe riuscire ad allacciarsi le scarpe restando su un piede solo e sollevando l'altro all'indietro sotto al bacino. Se non ce la fate significa che dovete migliorare questo aspetto. Per esempio, provate a stare su un piede solo mentre vi lavate i denti al mattino, e ripetete l'esercizio cambiando piede di appoggio quando ve li lavate alla sera. Anche fare regolarmente esercizi di potenziamento come quelli descritti nella terza parte del libro può essere utile per migliorare l'equilibrio, oppure usare uno strumento come una balance board.

226
Trail running

Praticando questo tipo di corsa potrete immergervi nella natura e godere del paesaggio, ma dovrete fare attenzione a dove mettete i piedi per non perdere di vista il terreno ed evitare di inciampare. Correre regolarmente su percorsi di questo tipo migliorerà la vostra propriocezione. Imparerete ad avvertire istintivamente la presenza di ostacoli e a superarli passandoci sopra, saltandoli o aggirandoli. Migliorare la propriocezione (e l'equilibrio) avrà effetti positivi anche sugli altri aspetti della vostra corsa, soprattutto se vi allenate al buio in mancanza di riferimenti visivi.

Quando correte in mezzo alla natura dovete avere una falcata leggera e veloce, leggermente più corta di quella che usate su una superficie piana e priva di ostacoli.

Un buon modello di scarpe da corsa dovrebbe andare bene sulla maggior parte dei percorsi di trail running. Punto. Alcuni preferiscono indossare scarpe più robuste, ma sono convinto che abbia più senso il contrario: per essere più agili è bene avere una scarpa più leggera e con la suola più bassa. È lo stesso motivo per cui quando si fa un'escursione nei boschi bisognerebbe scegliere semplici scarpe da orienteering anziché pesanti scarponcini.

227
Trail running e tempi

Durante un allenamento di trail running dimenticatevi di agonismo e competitività. Evitate di preoccuparvi del fatto che state andando troppo lenti perché la sessione abbia la giusta intensità, o che non sapete quanti chilometri farete. Questo è il momento di lasciarsi andare al piacere di correre in mezzo alla natura.

228
Quando l'amore della vostra vita non ama la corsa

Questo è un bel problema. Per qualche strano motivo – senso di colpa? Gelosia? Senso di rivalsa? – a volte i nostri compagni di vita non amano lo sport che pratichiamo. Se vi trovate in questa situazione, fate di tutto per far loro capire, con calma, perché correre è così importante per voi. Spiegate loro che farlo migliora la vostra condizione psicofisica, e che la vostra salute è importante per il vostro futuro insieme. Se il problema è il tempo che passate fuori di casa, mostratevi disponibili e cercate di programmare alcune sessioni in momenti in cui non interferiscano con la vostra vita di coppia. Proponete anche al vostro partner di fare insieme qualche attività importante per lui o lei.

Vi racconto un aneddoto. Ai tempi dell'università, una sera d'estate passai a prendere a casa un compagno di allenamento che aveva già qualche anno più di me. Mentre lui si cambiava io cominciai a chiacchierare con sua moglie.

Il mio amico veniva da un infortunio, e nell'ultimo periodo, anziché uscire a correre subito dopo essere rientrato dal lavoro, aveva passato tutte le sere chiuso in casa. La moglie mi disse che prima dell'infortunio odiava il fatto che andasse a correre, per via del tempo che sottraeva alla loro relazione. Dopo l'infortunio, però, non vedeva l'ora che il marito uscisse di casa e la lasciasse sola! Aveva capito che il tempo che il marito dedicava alla corsa era anche il tempo che lei dedicava a se stessa, e ne sentiva la mancanza, proprio come a lui mancavano le sue uscite.

229

Continuità in prospettiva

Se nel lungo periodo il segreto per diventare un buon runner è la continuità, significa che dovremmo uscire a correre tutti i giorni senza mai saltare un allenamento? Per la maggior parte di noi la risposta è no. Ci sono infortuni, circostanze e situazioni in cui decidere di correre nonostante tutto e tutti significherebbe avere perso di vista il vero obiettivo.

Ho un amico che dall'agosto del 1982 ha sempre corso almeno 5 chilometri al giorno, e anche lui vi direbbe che le volte in cui si è infortunato sarebbe guarito prima se si fosse fermato.

Detto questo, possiamo imparare molte cose dai runner più costanti. Innanzitutto, riescono sempre a trovare un modo per correre, dimostrando che spesso la scusa del tempo è proprio questo, una scusa. Inoltre, nella maggior parte dei casi quello che potreste considerare un atteggiamento quasi fanatico contiene almeno un aspetto positivo: è impossibile correre ogni giorno per vent'anni, se non si è capaci di interpretare i segnali del corpo e di pensare a lungo termine. L'amico di cui parlavo prima ha fatto una maratona in 2h15', perciò è difficile dire che correre ogni giorno gli abbia impedito di raggiungere il suo massimo potenziale.

Anch'io ho avuto periodi in cui correvo ogni giorno. Il più lungo è durato sei anni. Ma quello di cui conservo un ricordo più bello è un altro più recente, di due anni, che è stato interrotto da un problema al polpaccio che non voleva saperne di migliorare. Quel periodo mi è piaciuto perché è capitato in modo del tutto naturale: in due anni non c'è stato un singolo giorno in cui un infortunio mi abbia dato abbastanza fastidio, o in cui sia stato troppo ammalato, da non sentirmela di correre.

230

Ambasciatori della corsa

Siate consapevoli del fatto che l'idea che gli altri si faranno dei runner sarà in parte basata anche su di voi. Quando corriamo su strada o in mezzo alla natura non siamo mai soli. Se qualcosa vi infastidisce, per esempio un cane senza guinzaglio o qualcuno che cammina lungo un sentiero mentre vi allenate, sforzatevi di risolvere queste situazioni in maniera diplomatica.

231

Un consiglio sugli allenatori

Se decidete di rivolgervi a un allenatore, fate prima delle ricerche sul soggetto che avete in mente. Parlate con altri runner che sono stati seguiti da lui. Scoprite per quanto tempo sono rimasti insieme e perché hanno deciso di lasciarlo. Soprattutto, cercate di capire quanto è in grado di personalizzare i suoi programmi di allenamento. Saprà crearne uno su misura per voi, basandosi sulla vostra storia sportiva e sui vostri obiettivi, e tenendo conto della vostra vita lavorativa e famigliare? Potrete scrivergli o telefonargli se doveste avere qualche domanda, o se vi capitasse di attraversare un momento particolarmente difficile?

Se vi sembra che il programma di un allenatore che avete scelto sia troppo simile a quello che propone a tutti gli altri runner, tanto vale comprarvi un buon libro sulla corsa o consultare qualche sito specializzato.

232

Quando vi trovate in quota

Correte! Sarà sicuramente un'esperienza interessante.

Se vi trovate a più di 1.500 metri di altitudine, cominciate a correre a un ritmo molto lento. Al livello del mare è possibile recuperare ed evitare che l'uscita si trasformi in un disastro, se iniziate con troppa foga e vi accorgete dell'errore, ma in quota vi sentirete male per il resto della corsa. E dal momento che in questo caso sentirsi male significa che vi sembrerà di soffocare e sentirete le gambe cedere come se fossero di pastafrolla, meglio evitare una situazione del genere.

Ammesso che abbiate fatto un riscaldamento corretto, probabilmente il primo e il secondo giorno di permanenza in quota vi sentirete meglio rispetto al quinto. Durante i primi giorni, infatti, gli effetti dell'altitudine non saranno ancora evidenti; in quelli successivi, invece, almeno finché non vi sarete acclimatati (ci vorrà almeno una settimana), vi sentirete sempre più stanchi.

Aspettatevi difficoltà, soprattutto in salita. Ma se riuscirete a controllare la respirazione riuscirete anche a recuperare abbastanza in fretta una volta tornati in piano, o nel caso fortunato in cui alla salita segua un tratto in discesa.

Bevete più del solito, altrimenti con il passare dei giorni aumenterà anche il senso di affaticamento. Se doveste avere mal di testa, vuol dire che non vi state idratando abbastanza.

Se resterete in quota soltanto per qualche giorno, evitate tranquillamente di fare le vostre sessioni più intense. Anche solo un allenamento di corsa lenta sarà abbastanza faticoso. Tuttavia, se non siete abituati a correre in quota, sarebbe bene fare degli allunghi ogni due o tre giorni. Una serie di brevi scatti da 20 secondi servirà a darvi un po' di spinta, e aiuterà i muscoli delle gambe a non impigrirsi troppo a causa dell'aria più rarefatta. Tra un allungo e l'altro cercate di recuperare completamente, in modo da poter correre quello seguente con un'andatura fluida ed efficace ed evitare di andare in affanno.

233

Lasciate che i ragazzi si divertano

I giovani corridori dovrebbero poter correre quanto vogliono. Non esistono elementi concreti a sostegno della tesi che la corsa possa ostacolare lo sviluppo di un ragazzo. Se un adolescente ama correre, lo fa perché vuole farlo e continua a migliorarsi senza infortunarsi, allora è sulla buona strada.

Io ho corso una maratona quando ero alle superiori e non ho perso la passione, come spesso si teme possa accadere ai più giovani. E trent'anni dopo quella maratona sono ancora più che mai innamorato di questo sport.

234

Non arrendetevi alla routine

Se vi accorgete di fare sempre le stesse cose, cercate di sbloccare la situazione. Non ci vuole molto per fare in modo che una corsa vi sembri qualcosa di completamente diverso. Per esempio, basterà correre un giro di pista in senso inverso a quello cui siete abituati per vedere le cose sotto una nuova prospettiva.

Meglio ancora sarebbe uscire di casa senza avere programmato dove andare a correre e lasciarvi guidare dall'ispirazione. Imboccate una strada che non avete mai preso, anche solo per poter dire: «Ehi, oggi mi sono allenato in un posto dove non ero mai stato!»

A volte per ridare vitalità al vostro programma di allenamento dovrete prendere provvedimenti più drastici, ma comunque semplici. Per esempio, uscite a un'ora per voi insolita; o allenatevi con qualcuno molto più lento di voi, per vedere com'è per lui correre; o con qualcuno molto più veloce, per scoprire se e quanto riuscirete a stargli dietro.

Uno dei modi migliori per dare uno scossone alle vostre abitudini è cambiare il luogo in cui siete soliti allenarvi. Perché un'uscita diventi diversa sarà sufficiente allontanarsi di pochi chilometri da casa, in modo da restare comunque in una zona conosciuta ma cominciare la sessione di allenamento in un posto nuovo. Potreste anche scegliere un punto di arrivo, per esempio un bar, dove troverete qualcuno ad aspettarvi con un cambio di abiti e un caffè. Oppure, se siete già fuori con qualcuno per fare delle commissioni, dategli i vostri abiti «civili» e correte fino a casa.

Ecco invece la mia ultima risorsa quando devo rendere una corsa completamente diversa dalle altre: mi vesto in modo bizzarro. Una volta sono uscito a torso nudo e un paio di pantaloncini da basket enormi, e durante l'allenamento, pensando a com'ero conciato, sono scoppiato a ridere più di una volta.

Di solito è sufficiente una sola sessione diversa da tutte le altre per resettare la mente e ricordarci quanto ci piace correre.

235

Il mondo può aspettare

Fatta eccezione per quei casi in cui dovrete essere reperibili per lavoro o in situazioni di emergenza famigliare, lasciate il cellulare a casa. Sfruttate il tempo che dedicate alla corsa per staccare da una vita perennemente connessa. Approfittatene per schiarirvi le idee ed essere molto più concentrati quando vi riconnetterete con il mondo.

236

«Quel Cassio ha un aspetto smunto e magro»

Se quando avevate venticinque anni eravate snelli e in salute, non ci sono ragioni per cui negli anni dovreste aumentare troppo di peso.

Alle persone piace dire che con il tempo hanno aumentato la propria massa muscolare. Due considerazioni a questo riguardo: la prima è che di solito non è vero; la seconda è che un eventuale incremento di massa muscolare è dovuto al fatto che, in seguito a un aumento di peso, le ossa, i tendini e i legamenti hanno bisogno di essere sostenuti, quindi i nuovi muscoli non aiuteranno queste persone a correre più veloci.

Come runner, sfidiamo quotidianamente molte convinzioni e luoghi comuni legati all'invecchiamento, quindi perché non farlo anche per quanto riguarda il peso?

237

Mai mettere il carro davanti ai buoi

Il modo in cui vi sentite mentre vi state cambiando per andare a correre non sarà necessariamente lo stesso quando sarete usciti e starete correndo ormai da un quarto d'ora. A quel punto il sangue comincerà ad affluire ai muscoli e una piacevole brezza vi accarezzerà il volto, facendovi dimenticare quella brutta sensazione di sedentarietà che provavate quando non stavate facendo attività fisica.

238

Correre in pausa pranzo

Se usate la pausa pranzo per allenarvi è probabile, nonché comprensibile, che cerchiate di sfruttare tutto il tempo che avete a disposizione per correre. In questo caso sarete costretti a scartare tutte quelle utili attività postcorsa, ma quando tornate al lavoro fate il possibile per tenervi in movimento.

Nel pomeriggio, seduti alla scrivania, fate qualche esercizio di stretching, come disegnare dei cerchi con i piedi o appoggiare un piede sul ginocchio dell'altra gamba e piegarsi in avanti per allungare i glutei.

Dopo cena trovate il tempo per una sessione di stretching più lunga, 10-15 minuti, in modo da arrivare più preparati all'allenamento del giorno seguente.

239

Le virtù transitive della corsa: la resistenza

Se c'è una cosa che noi runner sappiamo fare bene è resistere. Resistiamo a lunghe corse e ad allenamenti sfiancanti, a settimane di brutto tempo e a giorni in cui ci sembra di non avere più energie. Facciamo il possibile per finire quello che abbiamo cominciato. Applicando questa qualità anche ad altri aspetti della vita riuscirete a ottenere risultati straordinari in tutto ciò che farete.

240

Siate flessibili, non solo fisicamente

Siate sempre disposti a sperimentare cose nuove. Non potete sapere in anticipo quali aspetti di questo sport potranno affascinarvi in futuro. Non ditemi che non avete mai cambiato gusti musicali o che avete sempre guardato lo stesso genere di film, mangiato gli stessi cibi o letto lo stesso tipo di libri.

Essere aperti a tutti i modi possibili di correre aumenterà le vostre probabilità di trovare ciò che vi è più congeniale in un determinato momento della vostra vita. Per esempio, potreste scoprire che vi piace allenarvi in gruppo, che siete fatti per correre in mezzo alla natura o che siete degli sprinter nati.

241

Prudenza quando attraversate la strada

Se siete a uno stop, non siete sicuri che un automobilista vi abbia visto e vi state chiedendo se fermarvi, osservate le ruote dell'auto: più di ogni altra cosa vi faranno capire se la macchina è in movimento o sta frenando.

242

Lasciate pure sgolare gli automobilisti idioti

Una volta ho sbattuto contro una macchina e sono stato inseguito da chi c'era dentro, quindi lasciate che ve lo dica: non vale la pena discutere, anche se spesso è l'automobilista ad avere torto. Tanto non riuscirete a fargli cambiare idea: non ammetterà mai che ha sbagliato, e il suo comportamento irrazionale finirà soltanto per rovinarvi la corsa. Inoltre, mandare fuori dai gangheri qualche schizzato non rientra tra i vostri obiettivi.

Se proprio volete divertirvi, annichilitelo con la gentilezza: quando strombazza e vi mostra i pugni (se non qualcos'altro), rispondete con un sorriso e con un cenno di saluto.

Allo stesso modo, non meritano risposta nemmeno quelle persone, di solito adolescenti di sesso maschile, che si divertono a prendere in giro o a insultare i runner. Molto più che nel caso di un automobilista distratto, in questo caso avrete a che fare con soggetti che agiscono in modo infantile. Rispondere ai loro insulti significherebbe soltanto degnarli dell'attenzione che stanno cercando.

243

Per un bacino perfettamente in linea

Quando correte su una strada inclinata verso l'esterno, ogni tanto cambiate lato e continuate sulla banchina dell'altra corsia, per evitare che una delle due gambe poggi continuamente più in basso. Se non lo fate, il bacino potrebbe inclinarsi e determinare tutta una serie di effetti indesiderati. E affinché correre nella direzione opposta al senso di marcia delle auto non diventi troppo pericoloso, fatelo soltanto di giorno e su strade con banchine piuttosto ampie.

Se il dislivello tra la parte centrale e i lati della strada dovesse essere particolarmente accentuato e passano poche auto, di solito tendo a mettermi al centro della carreggiata, ma aprendo bene le orecchie per capire quando devo spostarmi su uno dei due lati.

244

A nessuno piace chi corre sempre un passo davanti agli altri

Quando correte in gruppo non fate come quelli che stanno sempre un po' più avanti degli altri: farete soltanto innervosire chi sta correndo con voi, e il più delle volte introdurrete un graduale aumento di ritmo in quella che dovrebbe essere una tranquilla e rilassata corsa in compagnia.

Anch'io lo facevo, e so bene che non sempre è facile accorgersene finché un compagno di allenamento, infastidito, decide di farcelo notare. Ora faccio sempre attenzione che le mie spalle non siano più avanti di quelle della persona con cui sto correndo, nemmeno di pochi centimetri.

Stare più avanti è inoltre particolarmente scortese quando si corre con qualcuno molto più lento di voi: piuttosto, lasciate che il vostro compagno si goda la corsa e stia lui più avanti a dettare il ritmo. Se a entrambi viene voglia di tenere un passo più veloce, frenate e tenete le energie per la vostra prossima uscita in solitaria.

245

Non fate i martiri

Lamentarsi in continuazione della propria corsa è il modo migliore per far perdere agli altri ogni interesse in proposito. È vero, a volte il tempo è pessimo, siamo stanchi, ci accorgiamo di essere diventati molto più lenti di qualche anno fa, ci sembra che correre ci rubi troppo tempo oppure, semplicemente, in quel momento non ne abbiamo voglia. Purtroppo, però, tutto questo non interesserà quasi a nessuno. I pochi che per gentilezza si mostreranno comprensivi ascolteranno le vostre lamentele solo se saranno occasionali. È a questo che servono gli amici. Ma se ogni volta che parlate di corsa con gli altri non fate che lagnarvi incolpando il mondo di tutta una serie di cose, smetteranno di ascoltarvi (e di allenarsi con voi). E se non sono già runner convinti, considerato il modo in cui presentate loro questo sport è difficile che continuino a praticarlo.

Correre è un dono che facciamo a noi stessi perché sappiamo che rende migliore la nostra vita. Cercate dunque di fargli buona pubblicità. Se pensate a questa attività come a qualcosa di fondamentalmente negativo, allora dovreste cercare altri aspetti di questo sport che vi piacciano di più.

246

Quattro parole chiave

Per quanto ne so, Andrew Lou Vickery, autore di diversi libri sul baseball e su molti altri argomenti, non è un runner. Tuttavia, sembra proprio conoscere quello che serve per avere successo in questo sport. Ecco una sua citazione: «Ciò che ha portato molti individui a eccellere sugli altri può essere condensato in quattro brevi parole: ancora qualcosa in più. Hanno fatto ciò che gli altri si aspettavano da loro, per poi fare ancora qualcosa in più».

Anche i runner che hanno raggiunto il massimo delle proprie potenzialità hanno fatto quello che sembrava essere già parecchio e poi ancora qualcosa in più (4-5 chilometri extra, altre due ripetute in salita, una sessione di stretching in più e così via).

247

Farsi largo tra miliardi di informazioni

Una trentina d'anni fa il problema non era, come oggi, l'eccessiva quantità di informazioni sulla corsa, bensì la loro scarsità. Ora chiunque sia in grado di aprire un blog può autoproclamarsi esperto in materia. È dunque comprensibile che i runner più curiosi si sentano smarriti in una babele di opinioni e pareri.

Quando navigate nell'oceano di informazioni disponibili online, non dimenticate che la corsa è un sport conservativo, nel senso che migliaia di podisti hanno già sperimentato ogni possibile teoria. Ammesso che esista un metodo «rivoluzionario» o un «segreto» per correre, state certi che i runner più ambiziosi l'avranno già messo alla prova e avranno già stabilito se sia davvero degno di attenzione. Come? Ponendosi una semplice domanda: dopo due mesi le prestazioni possono dirsi migliorate?

Se una pratica di allenamento «segreta» proposta da qualcuno privo di credenziali è in contrasto con quelle seguite dalla maggior parte dei corridori, lasciatela tranquillamente perdere.

248

A mio rischio di mettere in gioco la credibilità di questo libro

Non credete a tutto quello che leggete. È possibile correre a lungo, veloci e per mesi con una frattura da stress, ma naturalmente non siete obbligati a farlo. Non tutti gli infortuni guariscono smettendo di allenarsi. Potrete ottenere risultati strepitosi in gara anche durante periodi di allenamento particolarmente intensi. Non sempre meno è meglio. Ma sapete qual è la cosa più sconvolgente? Il detentore del record del mondo nella maratona, Haile Gebrselaisse, ai semafori si ferma sempre e aspetta il verde correndo sul posto.

249

Una dritta importante riguardo al caffè del mattino

Non uscite di casa prima che il caffè sia uscito da voi.

250

Il consiglio più importante

Tranquilli, è solo corsa. Anche se può essere l'attività più eccitante, affascinante e importante della vostra vita, si tratta comunque e soltanto di corsa. Nessuno vi obbliga, e di certo non contribuirete a salvare il mondo praticandola. Perciò trovate quello che più vi piace di questo sport e siate felici.

Ringraziamenti

Grazie a Bill Wolfsthal di Skyhorse Publishing, anima di questo progetto; ad Amby Burfoot, per avermi concesso l'onore della sua prefazione; a Meredith Freimer, per avermi ascoltato blaterare su questo libro durante le nostre lunghe corse insieme; per l'edizione americana, grazie ai fotografi Jonathan Beverly, Stacey Cramp, Brian Metzler, Alison Wade e Joel Wolpert per le loro immagini.

Finito di stampare presso ELCOGRAF S.p.A.
Stabilimento di Cles (TN)
Printed in Italy

Prova d'acquisto
978-88-200-6171